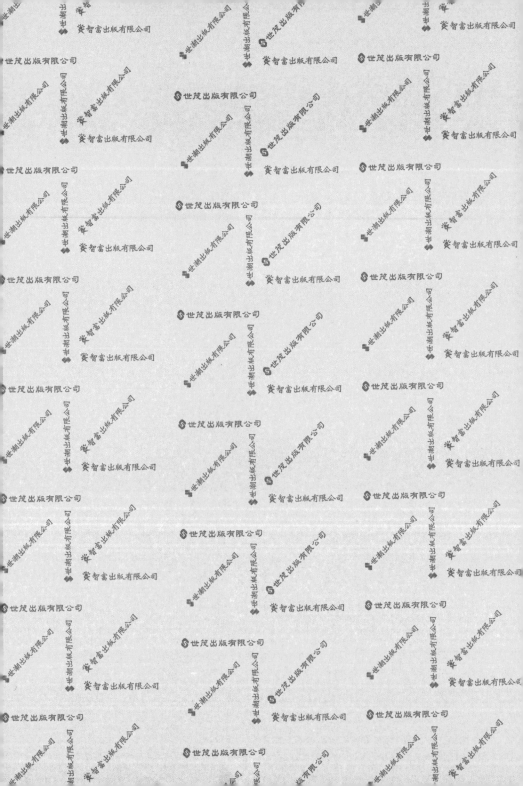

教出競爭力

45個關鍵教養魔法

日本知名教育專家　多湖輝◎著　　彭建榛◎譯

前言

媽媽是一位魔法師！

相信有不少人對於我這麼說而感到不解。你可以閉上眼睛回想自己在面對孩子有各種狀況時，是不是因為施展了某種魔法而讓問題得到解決呢？例如：當孩子跌倒哭泣時，孩子是不是因為你溫柔的對待而停止哭泣呢？當孩子生病時，是不是因你細心的照顧而逐漸復原呢？當孩子夜半做惡夢而啼哭時，是不是媽媽耐心的擁抱與陪伴才讓孩子繼續有個好夢呢？……

而這樣的神奇魔法是由每一個人在成長階段被大人對待的好經驗所累積而來的。聰明的媽媽總是懂得巧妙地將「魔法」施展在有任何狀況的孩子身上，它讓愛哭的孩子恢復元氣；讓愛鬧彆扭的孩子變得冷靜；讓退縮的孩子勇敢接受挑戰；讓成績不佳的孩子願意加把勁努力……。不過，這裡所說的魔法，當然不是指像哈利波特或是我們印象中的那些巫師所使用的魔法，而是能用關鍵的話語或動作，以潛移默化的形式使孩子有正向發展的魔法。

當孩子逐漸成長，慢慢地有自主意識，身為父母的我們該如何將孩子培養成具有競爭力的孩子呢？我想最好的方法是父母要能沉住氣、耐住性子悄悄地施展獨門魔法導引孩子，而不是勉強孩子接受我們的價值觀，造成緊張的親子關係。

我就是多虧了媽媽的魔法相助，才能順利成長的。國中之前的我是個不願意乖乖聽課的問題兒童。老師常請媽媽到學校去商談，要求她務必嚴加管教我。面對這樣的情況，媽媽總是溫柔地對我說：「我相信你是個聰明的孩子，只要你願意，一定能做到任何事。」就是這句支持我的話，讓我下定決心好好上課，而且從此成績名列前茅，不怕遭遇到任何失敗。我認為父母的一言一行總是在不知不覺中影響著孩子將來的處事態度。而當孩子受到挫折的時候，父母的一句支持與鼓勵的話語就能帶給孩子振作的力量。

每個父母應該都擁有這種魔法。只要你有心施行，魔法就能靈驗，無論是你或是孩子都能因著魔法而輕鬆、愉快地跨越親子間的鴻溝，將孩子導往正確的價值觀，並使他有全面性的發展才是。

本書中一共有四十五種魔法，分別針對孩子成長會碰到的困擾與面對未來競爭必備的五種基本能力——創造力、熱愛學習、自信心、獨立自主、溝通能力，提出教養上的中肯建議。最後，衷心地期望您為孩子用心施予的魔法能成為他成長過程中的助力，更能成為他終生受用的寶藏。

多湖　輝

目次

第2章 讓孩子熱愛學習的魔法

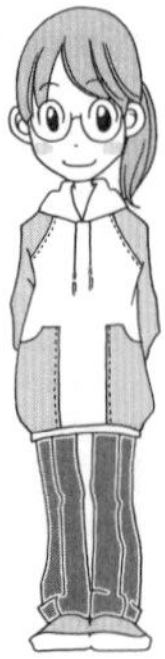

第3章 讓孩子有自信的魔法

第4章　培養獨立自主孩子的魔法

第5章 促進親子溝通的魔法

第1章

培養創造力的魔法

「延遲享樂」魔法

讓孩子晚點得到想要的東西，就可以讓他學會忍耐與智慧

減低獲得的喜悅的「六個口袋」

媽媽魔法的第一課，就是當孩子因為想要玩具或糖果而鬧彆扭不聽話時，可適用的「延遲享樂」魔法。

幾十年前社會經濟狀況不好的年代，三餐溫飽都不容易了，父母更不可能有餘力照顧到孩子的物質需求。所以當時不會有教育學者提出「不可以給孩子太多物質享受」的建議。但是，隨著經濟起飛，人們的生活變得富裕，而有能力且願意在孩子身上花錢的父母也跟著增多。然而，隨著生活型態的改變，有越來越多的雙薪家庭形成。經濟富裕的父母因為工作忙碌而疏於關心孩子，為了彌補自己的遺憾，常常容易錯把滿足孩子的物欲當成

讓孩子透過努力獲得想要的東西，可以讓他們成長。

父母關愛的表現。

這樣的父母在當了祖父母後，可能以同樣的方式對待孫子女。於是祖父母與習慣獲得物質滿足的父母在教養孩子時難免以滿足物欲為優先。在這樣的背景下，就有了「六個口袋」的現象出現。所謂「六個口袋」是指從父母、祖父母及外祖父母等六個人的口袋中，不斷地流洩出禮物和零用錢給孩子的意思。

受到少子化的影響，不生孩子的叔叔伯伯阿姨們也越來越多，這樣一來，圍繞著孩子的口袋數將只增不漸。當孩子習慣於要什麼有什麼，漸漸地不再能體會耐心等待所獲得的喜悅。這也算是一種不幸吧。

現代的父母們必須要忍住不給

當然我並不是因為懷念以前的苦日子，才有那樣的感想。只是如果在孩子尚未開口要求前就滿足他的欲望，孩子是無法體會到獲得的喜悅。而且，若養成孩子予取予求的習慣，就很難養成他的惜物之心。

為了達成目標，媽媽必須要讓孩子產生一種「打從心裡想要」的欲望才行。因此，不同於以往自己的父母的教養態度，現代父母的首要任務是必須練習壓抑那股「想滿足孩子」的衝動才行。

但是，到底該怎麼做才好呢？在這裡，我要告訴各位一個有效的「先想想」魔法。它適用於當孩子提出想要購買物品的要求時，你可以先跟他說「再等一下」「我不能馬上給你」「等你想清楚我們再討論」總之就是先要他想清楚就是。

如果他提出的購物需求是學校課程所需就另當別論。一般來說，孩子們想要的東西通常都不是有急迫性的。如果孩子因此而放棄，就表示那只是他一時的欲念，不久就會忘記的。只要是他急欲獲得的東西，孩子自己會想出得到它的辦法。這個時候他就會以幫忙做家事或是提出預支零用錢等的條件來跟你討論。

培養創造力的魔法　第1章

想要某樣東西的心情會讓孩子成長

日本有一首童謠是這樣唱的：「口袋裡有一塊餅乾，只要拍拍口袋，就會出現第二塊餅乾……好想要這樣的魔法口袋」（ぱどまど・みちお作）。

這是一首表現出想要有個取之不盡的魔法口袋的心情的童謠。同時，這也是一首作者描述兒時得不到滿足，轉而運用幻想來獲得彌補的一首可愛童謠。

只要對孩子使用「延遲享樂」魔法，就等於是讓他進入想擁有一個「魔法口袋」的狀態之中。讓孩子在學會忍耐的同時也增強對物品的需求欲望，這樣可以讓獲得的喜悅延展到最大限度。

「延遲享樂」這樣的作法，看來雖然好像把自己的寶貝孩子當成動物一樣看待。實際上，你的孩子的確會因為這個「延遲享樂」魔法，學會在得到想要的東西之前必須先忍耐的價值觀，除此之外，也讓孩子更成熟、更具解決問題的思考力。

【重點】

只要能夠養成不馬上滿足孩子欲望的習慣，父母也能因此更有智慧。

「實物」魔法

真實物品裡隱藏著玩具所沒有的驚奇

讓孩子使用跟大人一樣的用具，將有意想不到的效果

我之前拜訪過的一家幼稚園，園方非常鼓勵孩子們動手做東西。他們不但讓孩子親手替朋友準備慶生會用的菜餚、從簡單的物品開始讓孩子們試做，甚至還讓大班的孩子嘗試製作真正的可以運轉的小火車，讓中•小班的孩子們可以坐著它繞著校園跑。這間幼稚園還有一件讓家長們都驚訝不已的事。那就是學校裡所使用的工具，包括烹飪用具都讓孩子們使用幾乎等同於大人所使用的工具。

據老師說，這麼做反而可以減少小朋友們受傷的機率。因為真實用品擁有兩項特徵，分別是重量和大體積，這會讓孩子們感覺分外緊張，所以他們在使用時會特別細膩與用心。而且，等到他們用慣了之後，還會發現到這些真的東西居然比玩具還要來得更為實用。

玩具菜刀雖然模仿得很像真實菜刀，但卻無法真正用來切割東西。重量、質感也都相差甚遠。如果從沒讓孩子使用過真正的菜刀，當有一天他們真的非得使用真的工具時，反而容易受傷。這是因為他們沒有這樣的生活經驗累積，反而摸不清使用技巧所致。

使用「實物」時的喜悅、驚奇與緊張

日本有一個專為肢體障礙兒童所創辦的學校，名為「合歡木學園」，這所學校在二〇〇七年剛好滿四十歲，校長宮城麻里女士認為讓孩子們接觸真實用具是很重要的。因此，學校的理念是不會因為怕孩子摔破而給他們用摔不破的容器，也不會為了避免弄髒衣物而讓孩子穿著品質不佳的衣服。這樣的理念也深獲一位安親班的老闆的贊同，他表示準備開設安親班時買的第一個用品就是在日本擁有百年歷史的高級茶具組。

另外，目前已有很多醫院和學校都開始考慮淘汰摔不破的塑膠容器，改用一般的玻璃與陶瓷製品。不過，到底這些人為什麼這麼執著呢？

這是因為透過接觸真正用具時的喜悅、驚奇和緊張感，可以讓人體會到物品本身真正價值所在的緣故。

換句話說，真實用具可說是孩子在成長過程中不可或缺的精神糧食。以同樣的角度來看，如果給孩子們欣賞的音樂或是書籍都刻意製作成只適合幼兒的專用產品的話，那是無法讓孩子體會其中的價值與涵意的。

有一位日本的兒童雜誌《赤鳥》的主編鈴木重吉先生，他的編輯理念是絕不因為自己所製作的讀物是以兒童為閱讀對象就掉以輕心，反而認為應該用更謹慎的態度去製作。因此，雜誌中曾經請日本的重量級作家芥川龍之介、有島武郎、北原白秋、菊池寬、西條八十等頗負盛名的作家們替該雜誌執筆，希望藉此讓孩子了解大師級作家們的文字之美。其後也因此培養出不少的後起之秀。

「實物」才是創造力的根源

我認為孩子們只有透過接觸真正的用具，才能激發出創造力。

無論是學習音樂還是繪畫，任何一項技藝在學習之初都需要透過「模仿」來進行的。我們必須透過徹底模仿優秀的作品，學會基本的雛形，如此才能具備創造的能力。

知名的狂言師野村萬齋先生經常提及自己年幼修業時的辛苦之處，而他的修業也是從模仿開始的。就以拿扇子的位置來舉例。他必須清楚記住每個持扇的動作到底是由下往上，還是由上往下才行。

長大之後的他之所以能在現代劇、莎士比亞、或是戶外的舞台劇上演出希臘神話，這必然都要歸功於自己從小就每天接觸真實的技藝，並學習模仿所培育出來的創造力。

前面提到過的「合歡木學園」裡的孩子個個都精於繪畫。除了因指導者宮城麻里女士本身就是一個優秀的畫家之外，她還聘請了一流的畫家當講師，不遺餘力的替孩子們製造出一個個能接觸真實面的機會，這才是重點所在。

所以，建議媽媽們要儘可能地讓孩子在味覺、視覺、聽覺、觸覺各方面都盡量施予「實物」魔法。

試想，如果在週末的餐桌上，捨棄擺放三十九元商店買來的餐具，改用「真正的」有質感的名牌餐具，所使用的筷子也是名筷的話，那麼孩子必然會在緊張中帶點雀躍，而且充滿期待的心情用餐。

只要多增加孩子們接觸「實物」的機會，他們就能藉由「實物」中所蘊含的不可思議的力量，進而磨練出自己的創造力。

【重點】

讓孩子接觸非替代品的真實物品或藝術，就能激發出他們的創造力。

「難題」魔法

適當的難關和考驗，是增長孩子智慧的重要過程

試著讓孩子做有點難度的事

有個在日本收視率超高的節目〈第一次幫媽媽買東西〉。節目內容是請四、五歲左右的孩子幫媽媽買東西，然後由一位攝影師全程跟拍孩子買東西的過程。

參加節目的孩子必須試著搭乘電車或巴士到爸爸的工作場所送便當給爸爸，或是幫媽媽購買指定的東西。當然在沒有大人的協助之下，孩子們會在路途中遇到許多的困難。當我看著電視節目時，不免也會對某些孩子遇到困難的畫面感到於心不忍，而懷疑這樣的挑戰對他們來說是否過於困難。例如：孩子們會不小心坐上反方向的電車，或是同行的弟妹大聲哭鬧等情況。此外，忘了要買什麼，或是遇到狗狗對著孩子狂吠的情況也很常見。

讓孩子學著幫忙買東西，可以提升他克服困難的能力。

即使各種令人擔心的狀況一再出現，節目中的孩子們卻還是拚命地試圖克服困難。你會看到畫面中那些原本躲在媽媽身旁的他們居然開始鼓起勇氣向車站的站務員確認要去的地方；不發脾氣地背起想睡覺的弟妹，甚至模仿媽媽的口吻說「我們只要再走一下下就休息喔！」來鼓勵已疲憊不堪的弟妹。而忘記要買什麼的孩子則鎮定地拼命向店員說明該樣東西的形狀，試圖讓店員了解……。

為什麼這個節目可以吸引這麼多觀眾收看呢？我想是因為觀眾們想了解，到底遇到困難的孩子會有什麼反應？而達成任務的孩子的笑臉也是眾所期待的吧。此外，始終緊盯著螢幕而坐立不安的媽媽的歡喜淚水，也深深令人感動。

看到電視中孩子面對困難的種種表現，我相信媽媽們一定能對「難題」魔法所擁有的巨大魔力感到不可思議吧。「難題與考驗」能讓原本看來那麼無助的小小孩絞盡腦汁、使出渾身解數，發揮自己能力解決問題！

挫折忍受度低落的現代小孩

近來，青少年的犯罪型態越來越令人匪夷所思。舉一兩例來看，前一陣子有位高中生明知家中有媽媽和年幼的弟妹在家，卻仍放火燒房子，最後導致家人死亡；另外也有一位高中生竟然委託朋友去殺害自己的媽媽。

追根究柢之後，警察發現前一個犯罪少年是因為被父親以暴力脅迫他唸書，心生不滿而犯下罪行，後者則是因為該高中生對於父母的離婚懷抱不滿所致。

每一項犯罪的背後，我們都可以聽到行兇者對於自己的罪行的那種所謂不得已的苦衷。但我卻常常會不以為然地想：「再怎麼無奈也不至於要用這樣的方式解決吧？」到底只能選擇絕路的理由是什麼？

我經常感嘆，為什麼這些孩子會用這麼衝動與缺乏智慧的方式處理問題呢？仔細思考後，我發現有可能是因為這些孩子在遇到困難時，根本不知道要如何跨越所致。

那麼為什麼他們不具備那樣的能力呢？我想最大的原因應該是他們從未有解決「難題」的機會。父母太過於害怕孩子面臨失敗，以至於在不知不覺中讓孩子在過度保護下成長。

結果，孩子開始變得柔弱，遇到問題不是找出好的解決對策，反而採取偏激的行為處理。有時只是因為被父母訓斥、遭老師責罵等小事，就想自殺或是離家出走，這些情形也是起因於挫折忍受度太低的現代病。

在漫長的人生當中，從未經歷困難的人是極為稀少的。就算沒有遇過生死交關的危機，我想每個人或多或少都曾有過進退維谷的困窘體驗。

有個年輕人跟朋友在旅行途中錯過了最後一班電車，因此造成了不小的困擾。他的朋友在寒冷的車站裡又睏又累，完全不知道該如何是好。

但年輕人在想盡辦法後，終於找到了個地方，安渡一夜。相對於他，那個手足無措的朋友很有可能就是在被刻意避開「難題」的教養下成長的孩子吧？

【重點】

當孩子苦思「該怎麼辦」時，總是能以意想不到的創造力克服難關。

「匱乏」魔法

飢渴的欲望能刺激創造力

不知何為匱乏的人是無法生存下去的

古今中外成功人士的奮鬥故事中，我們最常聽到的成功必備要項就是「飢渴精神」。一個總是處於極度不足的狀態下的人會渴望改變而願意付出一切努力去達成目標。

對孩子來說，這種「飢渴感」是成長時的巨大助力。正因為我們處於「全面飽食時代」裡，孩子總是要什麼有什麼，所以刻意讓孩子體驗某種程度的「匱乏」，也就是媽媽克制自己不立即滿足孩子的需求，讓他們體驗「匱乏」的感受，這種用之於無形之中的魔法，將會成為孩子成長的正面動力。對生長於早期生活匱乏的人來說，飢餓之於他們，可是稀鬆平常的事。也就是他們打從一出生開始就被施予了「匱乏」的魔法。

舉例來說，日本的單口相聲（內容通常以搞笑為主軸）當中有一個舊段子叫做「長屋賞花」。內容在敘述：有個房東請房客外出賞花，但是房東準備的賞花用品卻刻意以替代品取代。例如，酒瓶中裝的不是酒而是粗茶，魚板也用切成半月形的蘿蔔代替，煎蛋換成了醃蘿蔔，而房東準備拿來野餐用的鋪墊，也不是野餐墊而是草蓆。而整段相聲結尾的笑點是房東看到茶梗直立起來後，高興地大叫：「大家看！酒梗直立起來了！」（按：在日本的習俗中，看到茶水中的茶梗直立起來表示好預兆。）

我想也許對於身處資訊爆炸的現代人來說，這樣的故事已經無法引起觀眾的共鳴了吧？我覺得以前連貧窮都可以拿來開玩笑的那種面對困境的幽默感，可能是現代人欠缺的吧？據我觀察，現在的孩子大多不願意吃粗糙的食物，而且我相信一旦生活中缺少電，人們也會手足無措。如果我們不斷地試圖要滿足孩子的各種需求，未來當他們面臨到萬一的情況時，絕對難以有面對困境的智慧生存下去的。為了防止這種情形發生，我們應該要在平時就讓他們體會匱乏的狀況。

富裕會剝奪人們的創造力

我之所以這樣主張並不是鼓勵大家要過著貧窮的生活。不過，在現在這種物質氾濫的社會裡，人們已全然喪失創造力卻是不爭的事實。日常生活中，當我們發現缺少了某樣物品時，通常只要外出即可輕鬆購得，根本不需耗費心思去找到身邊的物品來代替。於是，人們逐漸變得不需要思考和努力就可以輕鬆過生活。就拿料理節目為例：有不少家庭主婦是在收看節目時，才依節目內容決定當晚的菜色，等節目結束再出門採買。但是，難免總會遇到買不到食材的時候，據說因此而不知該如何料理晚餐的人竟然不在少數！

在缺乏的狀態下才能發揮的創意

剛剛提到的單口相聲「長屋賞花」的例子也許誇張了些，但任何東西總是可以找到相似的替代品才是。只要大家願意動點腦筋，發揮創意，也許你還能創造出連專家都自嘆不如的創意料理呢！

現代人之所以難以做到上述所說的創意發想，主要應該是物質富饒的時代所帶來的副作用。再以玩具做例子，現在的孩子一般所玩的都是一些功能性強且不需動腦筋的玩具，所以，他們非常缺乏多方應用、組合的遊玩經驗。在這樣的前提下，孩子與生俱來的創造力就會變得毫無用武之地，久而久之，將使得他們在遇到問題時不願意思考解決的方法。

反觀幾十年前不甚富裕年代，不但生活匱乏，玩具更屬奢侈品。當時的孩子們都是把隨手

可得的材料，如：花草、木頭、報章雜誌的紙張等，加工後做成玩具的。

就拿紙飛機來說，那時的孩子都會發揮創意研究各式紙飛機的折法，然後跟同伴比賽看誰的紙飛機飛得遠。透過這樣的遊戲，孩子們在不知不覺中學會物理的基本常識。另外，玩扮家家酒時也是一樣。孩子們總會把各種雜草當成青菜、把樹葉當成盤子、還把泥水當成味噌湯來玩……。以前的孩子就是透過找尋代替品，而自然地培養出創造力的。

對於身處物資豐富的現代，肩負教養重任的父母，我有個衷心的建議：盡量少買玩具給孩子。對孩子施予「匱乏」的魔法，讓他處於一種不被滿足的狀態，只要心裡有欲望，孩子是能夠發揮出不可思議的創造力的。

有些媽媽在買圖畫用具時，會故意買比普通十二色還要少的六色顏料給孩子。或許會給人小氣媽媽的感覺，不過，這麼做反而能使孩子混合出絕妙的新顏色出來。這就是媽媽的魔力。這種作法能讓孩子培養出克服「匱乏」的問題解決能力。好比在大地震之後，物資不足時，人們總是會想辦法找出因應需求的方法一樣。這種生活智慧與解決問題的創意，要靠平日刻意營造的「匱乏」慢慢地培養思考的習慣，才能得以發揮。

【重點】

用心營造「不足」的環境，讓孩子激發出製造代替品的創意。

「跳脫框架」魔法

刻意讓孩子跳脫限制，能夠使他們有更深更廣的感受和思考

孩子在牆上塗鴉是因為他跳脫了既有的框架

我們常可在漫畫和童話中，看到小孩在牆上塗鴉的情節。故事中的孩子一發現事跡敗露，總是跟大人們展開一場追逐，過程趣味橫生。不過，會造成他人困擾的塗鴉當然是不被允許的。然而，有時我們也會發現那種令人想保存下來的塗鴉傑作卻是不爭的事實。

孩子喜歡在家裡的牆上或是街上的牆壁塗鴨，主要的原因之一，我想應該是由於大大的牆壁有如一張無限大的畫布一樣，可以肆意發揮創意。不久之前，這樣的想法得到驗證。有一天，我剛好在某個電視節目上看到有個藝人和許多小朋友一起替電車彩繪的畫面，動手塗鴉的孩子們的表情看來非常快樂，而動手畫出的圖像充滿了奔放的創意，令我

孩子的創造力不是既有的框架所能侷限住的。

印象深刻。

他們將滿布天空的積雨雲，以及象徵長壽的粗大樹木等畫在電車上，成品令人驚嘆。我想如果要畫在一般大小的圖畫紙上的話，就必須把心中的構想縮小，成品勢必會受到限制。

如此一來，我們不難推論，經常使用固定規格的圖畫紙作畫，只會迫使孩子在侷限的範圍內畫圖，這麼一來，容易讓孩子們的思考受限，創意無法發揮。

雖然，讓孩子學會在狹小的範圍裡，將實際物品的大小按比例呈現也是一種技術的養成過程。但是，我認為我們偶爾也應該讓孩子自由自在地畫出不限尺寸的畫作。

藉由這樣的訓練，不僅可以提升孩子的創作欲望，並且絕對能讓孩子們嚐到那種能自由揮灑的暢快感覺。

跳脫既有框架的各種魔法

我的主張可不是希望父母放縱孩子在街上或是家裡的牆上塗鴉。至於該怎麼讓孩子有自由奔放的畫布呢？我的建議是，當孩子在家裡畫畫的時候，父母可以盡量鼓勵孩子畫超出圖畫紙的圖畫，也就是說我們準備一些大於一般規格的白紙給孩子們或是跟孩子說可以把幾張紙黏在一起變成更大張紙畫圖。

還有一種作法是，你也可以試試把牆壁和走廊上貼滿白紙，讓孩子們可以在上面自由自在的畫畫。我想孩子也會喜歡你這麼做的。這樣一來，一定能讓孩子在無拘無束之下，畫出美麗的圖像，並享受創作的樂趣。

據我所知，在日本有間專門為兒童開設的繪畫教室，他們是從一次發給孩子們很多張圖畫紙開始上課的。他們告訴來上課的孩子們：「如果你想畫的圖必須要很多張圖畫紙才表現得出來的話，請把需要的紙張黏起來作畫。」

也就是說，這間繪畫教室的創辦人主張不強迫孩子一定要把圖畫在一張圖畫紙上。他

認為所謂的繪畫，不是光想著應該要怎麼樣才可以把所有東西畫進這個被侷限住的框框裡就可以，而是「要把東西畫得多大」，這才是繪畫的思考原點。

我想這間繪畫教室的創辦人應該很清楚這個原則才對。他捨棄了「請好好地把想畫的圖像畫進這個空間之中」這樣的既有模式。因為他認為必須讓孩子們知道，其實繪畫的空間是無限的。

不只是圖畫紙的大小，你也可以試著讓孩子使用三角形或圓形等非制式形狀的圖畫紙也是一種方法。至於，繪畫素材也不一定只能侷限於紙類，如果能讓孩子在塑膠板或是木板上作畫，不也能體會到一番不同的樂趣嗎？所以，只要有心突破，可以改變的就不一定只是紙張而已。

我曾經看過一個朋友教孩子使用免洗筷和牙刷等隨手可得的物品當成畫畫工具來作畫。還有人突發奇想地用手腳的全部指頭作畫。我的年紀雖然有點大，但是，當我看到書法家站穩馬步，用巨大的毛筆在鋪滿整個房間的巨大紙張上寫字的時候，也忍不住地躍躍欲試呢！

【重點】

偶爾也給孩子大小形狀不同的材料或工具作畫，鼓勵他們自由地發揮創意。

「樂觀」魔法

胡說八道是創造力的幼苗，請以輕鬆的心情聽孩子說

樂觀地看待孩子天馬行空的想像

「媽媽，我今天跟小熊維尼一起飛到天上去了喔！」有個孩子這麼跟媽媽說。認為孩子又胡說八道的媽媽難免會為這個老愛作夢的孩子擔心。於是擔心不已的媽媽決定對孩子說：「看你，又在胡說八道了！說謊可是成為小偷的開始喔！這樣是不對的！如果你老是要說謊話，以後長大你就會變成小偷喔！」結果，孩子難得想跟媽媽分享的快樂心情，卻變成了自己會變成小偷的掃興訓話，他因此而陷入了長長的沉默中，久久不語。

媽媽不斷地說教，好像沒打算停止。孩子心裡一定非常不解，自己開心說出的一句話，卻引來了媽媽嚴厲的責備與長長的訓話。

第1章 培養創造力的魔法

你可曾想過，年幼的孩子可能只是把天馬行空的想像與現實混淆在一起而已。如果你了解孩子有可能會有這樣的過程，你還忍心把孩子的空想當成謊言，嚴厲地指責他嗎？

我認為一個聰明的媽媽是不會忍心用自己的主觀判斷而隨意給孩子的行為下定義的。我們應該避免以悲觀的角度來看待孩子的將來，而改用「樂觀」的魔法來看待孩子的空想。當孩子說了你覺得不可能的事情時，你可以試著這樣回應：

「咦？真的嗎？你們是怎麼樣飛到天空去的啊？」

「真好！媽媽也好想飛到天空上去呢。」

「真的啊？那從天上往下看，我們家是什麼樣子？」

我們可以放鬆心情，跟孩子持續快樂的對話。被媽媽的「樂觀」魔法對待的孩子，將會無限地延伸想像，發揮創意而編織出一段快樂的故事。

孩子說謊並不是嚴重的問題

以發展心理學的觀點來看，一般的孩子從三歲開始就會出現所謂的說謊行為。而這種行為的高峰期，是在小學二、三年級的時候。

大部分的父母都會忘記自己也曾經歷過幼年的階段。他們忘了自己也曾經遨遊於故事和想像的世界中，幻想自己是身著華服的高貴公主或是打敗巨龍的勇士……她們也忘了自己曾經把「嫦娥奔月」的故事信以為真，相信月亮裡真的住著嫦娥仙女。所以，父母們無法接受孩子的天真謊言，因為被社會化的價值觀侷限，而開始悲觀地擔心起孩子的將來。

但是，在智能發展的過程中，說謊其實是常有而且必備的現象。在我看來，從來不說謊的孩子才真正令人擔心。因為這樣的孩子令人擔心他是否缺乏創造力。

當我們遇到孩子說謊的時候，首先我們要做的就是大方地接受這件事實。只要能以輕鬆樂觀的態度去接納孩子，相信我們就能幫助孩子延展他們的想像力。

好的謊言VS壞的謊言

大概會有父母擔心是不是所有孩子說的謊言都要照單全收、拍手叫好呢？讓我們先釐清說謊的定義，我認為所謂的說謊就是把從未發生的事情說得像是自己曾經經歷過的事實一樣。也就是說，說謊是一種無中生有的創造性行為。

如果以這樣的定義來思考，那麼一個善於說謊的孩子，也可以說是一個富有創造力的孩子。如果能巧妙地引導孩子天馬行空的謊言，也許就能讓孩子成為一個優秀的說故事高手。

這樣說來好像我把說謊這件事塑造成一件對的事情，刻意把錯誤的行為硬說成美好的。事實上，我認為不是所有形式的說謊都是可以接受的，在某些動機之下所說的謊言是絕對不被允許的。比如說，想把自己的過錯脫卸到他人身上、或是用根本沒發生過的事來刻意欺騙別人、或是別有用心的謊言等就非常不可取，必須跟孩子說清楚的。

此之，還有那種所謂「權宜之計」的善意謊言。十幾年前在日本曾有一本叫做《No Side》的雜誌就曾經以「謊言是最佳的調味料」為專題，發表了許多「優秀」的善意謊言。

其中最令我印象深刻的就是有一對英國夫婦刻意隱瞞自己的病情，熱情地招待遠從日本而來的好友的故事；還有一個是有一位男同學在學測大考當天，為了替因為過於緊張而不小心尿濕褲子的女同學遮掩，而故意提了一桶水潑濕她全身，讓大家認為是他惡作劇也不在乎的溫馨故事。

我想能考慮到他人處境而說出溫馨的善意謊言的人，一定是在小時候天馬行空的說謊時，曾被用「樂觀」魔法對待的緣故吧。

【重點】

與其對孩子的天馬行空的謊言感到憤怒不已，不如接受它並且協助孩子發揮創意。

「笑臉」魔法

「開懷大笑」是能面對困境的神奇魔法

只要懂得笑，就能夠打開困境

現在，跟各位分享我的一個好朋友在事業失敗，房子和車子都遭法拍後、即將搬到小新家時，與家人之間的對話。

「我們沒錢了，以後要住的是只有四個半榻榻米大的房子。」爸爸說。

「那天花板應該比帳篷高吧？所以，至少比住帳篷裡要好啊！」小女兒這麼說。

「天花板當然比帳篷高，住起來一定比露營舒適多了。」大女兒露出笑臉得意地說。

「哇！好棒喔！原來住新家跟去露營一樣啊，我好期待喔！」

想起今年暑假去露營的小女兒高興地說。聽到這麼精彩的對話，原本意志消沉的爸爸

笑容會在不知不覺中成為孩子心中的支柱，使他們永保正向積極。

也不由得笑了出來，跟著加入兩姐妹的對話中。

我相信從這樣的對話看來，各位就可以了解到懂得轉個念的兩姐妹，從小一定是受到父母正面鼓勵的滋潤而保有樂觀的心態。

這段小故事告訴我們，「笑」是件多麼重要的事。這位爸爸一定會因為家人給他的「笑臉」魔法而得到支持並重新努力的。

「笑」，可以產生新的創意

事實上，我也曾親身體驗過「笑臉」魔法的魔力。那是在好久以前，我還是個學生的時候，我曾經遇到一位培育過許多優秀人才的著名大學教授。

那是我參加那位教授所主持的研討會時所發生的事。與會的參加者每個都是被認定為前途無量的菁英份子。這位教授要求我們這些菁英份子要輪流而且要不斷地說出自己所知道的趣事。但是有一個條件就是不能取笑別人或是挖苦他人，我發現光是聽著彼此所說出的趣事，居然讓我們不斷地發笑，彼此間的距離一下子拉近許多。

那堂課令人印象深刻，在我不斷地思索後才發現，其中居然別有深意。原來教授的原意是將當天的研究主題巧妙地包含在互說趣事之中，也就是希望藉由我們說笑達到短時間就彼此熟悉的效果，從而輕易地互助合作。我們就在愉快的氣氛中，不知不覺地激發出了許多創意和具有獨創性的想法。

因此，我終於也才了解了那位教授之所以能培育出這麼多優秀人才的秘密。他肯定是對平常嚴肅的我們悄悄地施了「笑臉」魔法。

「笑臉」魔法能促進大腦發展

一直到很久以後，我開始專攻心理學，才重新深入了解「笑」對於一個人的影響有多大。「笑」不但能夠讓人卸下心防，而且還能提高創造力。

筑波大學的名譽教授村上和雄先生，因為被譽為基因研究的第一把交椅而廣為人知。他也曾經將他研究多年的笑與基因之間關係的成果，收錄在一本名為《笑吧！基因》（一二三書房）這本書裡。

村上教授與吉本興業（日本最大的搞笑藝人經紀公司）合作，希望他們長期到各大醫院的病房裡表演，村上教授藉此觀察病人的狀況，後來證實了糖尿病患者在用餐完畢後上升的血糖值，能藉由「笑」獲得抑制。同時他也證實了大笑可以讓基因產生變化。

被吉本興業的藝人們以「搞笑功力」感染的病人們，也得以因為「笑」的神祕力量，而使得病情得到控制。

親子之間的溝通更需要笑容做輔助，雙方在心情放鬆的情況下，解決問題將為更有效。

【重點】

經常跟家人、朋友一起開懷大笑，將能給予你渡過一切難關的力量。

「沉默」魔法

不發一語的「沉默」威力，更勝責罵孩子

重複相同的斥責方式，就等於「馬耳東風」

有個媽媽曾這麼感嘆：「每當我激動地罵完孩子，他總是不斷地跟我說：『對不起！我下次不敢了！』結果，我會心疼地原諒他。』可是，總是在不久後，他又故態復萌，好像完全忘了自己答應我的事。」

我想這個孩子應該是把媽媽的責罵，當成了耳邊風，左耳進右耳出。至於造成這個現象的原因，我覺得是孩子已經預先知道，萬一犯錯時，媽媽會有的反應，而本能地選擇經驗中最有用的方式去因應而已。

當孩子知道，如果做了媽媽覺得不對的事情時，該怎麼應對最安全。因此，當風暴結

束後，孩子又是一尾活龍。所以，如果不希望孩子無法從錯誤中學習，父母就必須想清楚，做出與平常不同的、又可以雙贏的處置才行。那位媽媽因為孩子「又犯了相同的錯」而嘆氣，殊不知她自己的處置方式也與孩子犯錯一樣不斷地重複：她老是用同樣的方法（責罵）、同樣的語氣來處罰孩子。所以，在這個時候，我們應該要改變一下我們跟孩子一貫的溝通方式才對。偶爾，請試著運用「沉默」魔法看看。

當孩子犯錯時，只要試試看擺脫以往的方式，先用「沉默」的方式對待孩子，很令人驚訝的是孩子自然就會靜下來思考。因為他們會想：「我這樣做，媽媽為什麼不像以前一樣罵我？」甚至他們還會懷疑說：「今天媽媽怪怪的。」

媽媽的沉默會讓孩子意識到自己的行為

總之，當孩子們發覺結果並不如預期般地發生，而以前犯錯時的必經過程：做了壞事→被媽媽厲聲斥責→道歉，這次卻沒有發生時，他們就會開始思考原因。他們會開始推敲父母的心情，或是開始反省自己的行為，「沉默」不只讓大人有時間冷靜，也迫使大人與孩子從以往的固定模式中跳脫開來。

我身邊有許多朋友也對我說過，比起嘮叨說教的媽媽，沉默的媽媽更具有威嚴與力量。

我有一個朋友說，在小學時，有一次在文具店裡順手偷了隻鉛筆。回家後被媽媽發現，原以為會被狠狠處罰一頓，但沒想到媽媽居然什麼都沒說就只是悲傷地默默看著他。朋友說從那次起，每當他想做壞事時，只要想起媽媽的那個眼神，就讓他決定放棄那個念頭，理由是他不想再看到媽媽失望的眼神。

還有一個朋友也曾經跟我說，在他小時候，有一次因為跟朋友玩過頭而遲了回家的時間，當他急忙趕回家時，看到了遠遠站在家門前，一臉擔心卻不發一語的媽媽。心裡正揣想該怎麼解釋時，走到家門口的他居然被媽媽一反平常地擁入懷中，媽媽雖然什麼也沒有說，但是卻以沉默傳達了她的擔心與愛。這種沉默的力量遠比口頭訓斥更大許多。

由以上的例子，我想大家應該了解「沉默」魔法的威力。只是沉默是處理孩子犯錯的一個手段，沉默之後，你必須在沒有情緒的情況下，跟孩子談談犯錯的道理，也順便了解孩子的想法，這樣才是處理孩子有狀況時的正確之道。

也就是說，這種魔法可不能沒有後續的配套，否則，孩子是無法能夠清楚理解自己的犯錯之處。當然也就無法學得寶貴的經驗與價值觀。

【重點】

總是大聲斥責孩子的父母，請試著換個方式，先沉默面對犯錯的孩子。

第2章

讓孩子熱愛學習的魔法

「路上逗留」魔法

在回家的路上培養孩子的好奇心

即使是每天的必經之路，只要用點心就能成為孩子的驚喜樂園

對好奇心旺盛的孩子來說，早已走慣了的道路才是藏有刺激的地方。我想每個人在小時候多少都曾在回家的路上逗留、玩樂，這是有趣又特別的回憶吧。

在日本知名度與曝光率超高的著名動物學者千石正一先生之所以與動物結下不解之緣，據說是因為他曾在七歲時，跟朋友在放學回家的路上玩尋寶遊戲，意外在草叢中發現一條無毒青蛇，並且聯手欺凌那條小蛇，正好被一個路過的大人嚴厲糾正，那個大人後來很有愛心地小心處理那條只剩半條命的蛇。自此，大大地改變了他的人生。

據說，當時他看到那個大人如此慎重處理受重傷的蛇而深受感動，於是，決定不再玩

孩子們在路上逗留時發現的新鮮事是課堂上學不到的寶貴體驗。

弄動物，並從此開始閱讀大量的爬蟲類書籍。在後來的成長過程中，他甚至曾經勇敢站出來阻止欺負動物的大人。

當他成為爬蟲類專家後，為了讓更多人了解關於爬蟲類的正確知識，還用心發表了為數眾多的論文，也得到了很多的獎項，除此之外還親自向大眾推廣兩棲爬蟲類的相關知識。

即使是每天必經的道路，只要用心觀察，你一定會發現不同之處。例如，前一天沒注意到的野花野草，今天一看竟已悄悄冒出嫩芽、附著在樹枝上的螳螂卵已孵出了許多小螳螂等等。

孩子們會想在路上逗留是理所當然的

「回家的路上」是充滿著無比魅力的好地方。孩子會追逐草叢中的蝗蟲、撿拾路上的橡實或是發現新的野花野草等等，任何一件小事就可以讓他們玩好久。

孩子們天生就有旺盛的好奇心，一旦遇到能引發興趣的事物，他們往往會專注其中，有時還會忘我地玩到連該回家的時間都忘了。

所以，萬一你的孩子比平時還要晚回家，甚至弄得全身髒兮兮的話，請不要立刻板起臉孔追問到底去了哪裡？或是先給予處罰？我覺得媽媽可以先穩住情緒，把心裡的擔心說出來：「如果你太晚回來，媽媽會很擔心的。」再跟孩子談談保護自身安全的方法。我想在路上逗留是沒問題的。如果因為大人一味地禁止，而使得孩子剛要萌芽的好奇心被摘除的話，那麼，難得可以引發孩子創造力的「路上逗留」魔法就會完全失效了。自我思考的能力是可以透過「路上逗留」的實際體驗培養出來的。

與其禁止孩子在路上逗留，不如教他們如何保護自己

我想前面的主張，在兒童安全問題令人擔憂的今日，很難令父母們放心讓孩子們不準時回家而在路上逗留玩樂。

如果孩子超過了平時應該回到家的時間卻還沒回來，父母一定會因為擔心孩子遇到危險而著急得不得了。所以，我認為平日應該跟孩子多談談保護自己的方法。甚至最近也有不少教導孩子保護自己的書籍出版，可以藉由書籍上的預想狀況，跟孩子討論何謂安全的人、安全的場所、遇到危險如何應對等等。我覺得與其一味禁止孩子不在路上逗留，不如讓孩子了解其中隱藏的危險與因應方法，這個比較重要。

日本有五個教孩子應對危險狀況時的口號，在此提供您參考：「不可以跟不認識的人走」、「不可以上別人的車子」、「大聲喊叫」、「馬上逃走」、「立刻通知大人」。

此外，市面上也有販賣諸如「防身笛」、「警報器」等產品，父母也可以選擇適合的防身用品給孩子隨身攜帶，好讓他們在遇到危險時緊急發出求救訊號。我們要做的不是一味地禁止孩子，而是要讓孩子能從日常生活中培養預知與避免危險的判斷力和方法。

【結論】

在回家的路上稍做逗留，放鬆心情接近大自然也是學習的一環。

「共有」魔法

認真看待孩子的疑問，將能提升他的學習慾望

「你真棒！竟然能注意到這個地方」，是培育孩子好奇心的神奇魔法話語

一個剛上完體操課的小一男孩正高高興興地看著教室的牆壁上貼著的練體操守則的標語：「讓我們開朗、快樂、有朝氣地開心上課，鍛鍊身體！」男孩問：「媽媽，『朝』是不是那天你說的那個成語故事『朝三暮四』的『朝』？」媽媽聽完驚訝地說：「你說對了！你認識那個字？好棒喔！」孩子害羞地笑著說：「那天你念故事給我聽的時候，我偷偷記起來的！」

媽媽微微一笑，抱抱孩子說：「你真棒！竟然能在媽媽說故事的時候，把字記起來了。更厲害的是，你還會把這兩個字連結在一起！我好喜歡你注意到很特別的事。」於是

孩子高興地笑著，大大地點點頭。

回家後，孩子一邊吃飯一邊問：「上課的時候，老師教我們先發制人的攻擊，先發制人、以攻為守是什麼意思啊？我雖然都會做動作，卻不太懂老師說的意思？」媽媽說：「先發制人是別人還沒動手前，我們先動作。以攻為守是……」

如果你沒有辦法像這位媽媽一樣，一個個詳加解釋的話，可以先讓孩子猜猜成語的意思，然後再在有空的時候，再帶著孩子一起查成語字典。雖然像例子中的媽媽這麼做，孩子會馬上了解辭彙的意思。不過，如果可以請孩子先思考，再跟著他從書中找答案。那麼孩子將在不知不覺中模仿媽媽的求知態度，學會解決問題的方法。有時，孩子還會主動幫忙一起找答案呢。

媽媽的一句「你真棒！竟然能注意小的地方。」可以讓自己對孩子的發現產生共鳴，不但讓孩子有自信，而且還能讓他對學習抱持好奇心。媽媽支持的態度更讓孩子在每一次有新發現時，都樂於跟關心他的媽媽分享。這就是「共有」魔法。也就是孩子跟媽媽共有的發現、以及彼此共同尋求答案的經驗。在「共有」魔法下成長的孩子，不但富有好奇心，對周遭的觀察能力也很敏銳。

不要再跟孩子說：「等一下！」

從經濟合作暨發展組織OECD的「國際學習度調查」來看，我們的孩子學習能力低落的情形，看來相當明顯。我想學習能力低落的起因，應該跟現在的孩子缺乏好奇心與自發精神、欠缺解決問題的能力，以及處理事物不積極有關。我們必須了解到，負責教育的場所不是只有學校而已，讓家庭、社區、社會都成為教育孩子的最佳場所，整體能力才會顯著提升。所以我們在家中也應該要盡量培養孩子們「發現」與「好奇」的能力才行。而父母需要做的第一步就是，當孩子提出疑問的時候，不說「等一下」。我覺得即使父母再怎麼忙碌、即使孩子提出的問題太簡單，我們還是應該要重視孩子們所提出的疑問，並用非常認真且專心的態度對待。若能再具體地讚美孩子，那就更完美了。

藉由「共通的話題」維持良好的關係，並引導出孩子的能力

之前在日本發生了一件駭人聽聞的新聞：有個高中生竟然放火燒自己的家，燒死了睡夢中的母親和幼小的弟妹。這起事件帶給了社會相當大的衝擊。隨著事情真相被調查出

第2章 讓孩子熱愛學習的魔法

來、人們對於少年那不被父母接納的成長環境有所了解後，讓人深感親子溝通的重要性。

生活態度、習慣、學校成績等，大小事都想要干涉是為人父母的本性，而父母往往基於為孩子好的想法，總是忽略了溝通的重要性，因此，使得親子之間的紛爭從未停歇過。不過，若試圖用斥責、處罰孩子的方式來讓孩子變乖、變聽話，那就可說是一個不及格的魔法師了。一個優秀的魔法師能讓孩子了解自己的想法、讓孩子懂得思考，並從父母的期望與自己的意願之間取得平衡點，彼此做最好的溝通。

你有沒有這樣的經驗呢？以前被討厭的老師責罵時，心裡總是拚命地想反駁，而當對方是心儀的老師時，無論他罵得多麼嚴厲，都能乖乖地反省？因此，我認為只要平時跟孩子維持良好的互動，發生狀況時就能輕鬆與他溝通。

大人跟小孩的成長環境不同，價值觀也有所差異，所以我們平時必須多了解孩子的嗜好與想法，多跟孩子聊天，學會站在孩子的立場跟他們擁有「共同」的話題，這樣才能弭平彼此的鴻溝。千萬不要試圖強迫孩子接受我們的價值觀，只要能好好施展「共有」魔法，我們就能了解孩子、牢牢抓住孩子的心。

【重點】

只要學會聆聽孩子的「為什麼」，並認真對待，就能讓孩子產生莫大的學習意願。

「長幼」魔法

對於獨生子女尤其有效！善用年齡差距的成長魔法

讓孩子和比自己年紀小的孩子玩，可以讓他們學會合群

受到少子化的影響，現在的獨生子女增多，且備受呵護，在此情形下，容易使其養成驕縱的性格。在這裡，我將為各位介紹導正任性孩子的魔法。也就是讓獨生子女跟比年幼的孩子一起玩的利用年齡差距的「長幼」魔法。現代人生的孩子比以前少，頂多兩三個而已。要是不小心生了四個，甚至還會成為人們茶餘飯後的話題。因此，當生育率降低，現在的大人在孩子身上所花費的金錢和時間也相對地增加後，就會在無意間給予過多的保護而變得過於寵愛孩子。

現在有些小孩只要提出要求，父母總是言聽計從，從不拒絕，如此造成孩子認為只要

平時的任性，在比自己小的孩子面前是使不出來的。

說出口就能要到任何東西。而被這樣對待而過著優渥生活的孩子，不知不覺中將可能成為家裡發號施令的國王。

被父母捧在手心的孩子，總難以培養出自主和合群觀念。如果想讓孩子能充分合群，並且有體貼他人的心，就不應該只是凡事順從、溺愛孩子，而要教他們如何忍耐。不過，如果你是一向溫柔的媽媽，沒有事先與孩子溝通就突然以嚴厲的態度要求孩子「要忍耐」，可是會讓孩子對於媽媽的教養態度感到混亂的。

這個時候就可以利用「長幼」魔法。只要讓孩子跟比自己年紀小的孩子一起遊玩，讓他看見任性、胡亂吵鬧、嚎啕大哭的小孩，他或許就會想到自己以往的相同行為，發現「原來任性會這麼讓人感到困惑」、「原來鬧彆扭的樣子這麼難看」，然後藉此反省自己。此外，當他看到年幼的孩子開始耍脾氣或是哭鬧的時候，也可以讓他學著去安慰這些小朋友，還可因此培養一顆溫柔的心。

年長的孩子是年幼孩子的目標

日本的奧運桌球好手——福原愛，她在三歲時看到當時就讀國中一年級的哥哥，手握球拍努力打球的模樣後，跟父母提出「我也要學」的要求，於是就此展開了她的桌球生涯。

我想，年幼的福原愛一定是覺得哥哥打桌球的樣子很帥，才會興起效仿的念頭。開始打桌球後，她期望自己能在四歲的時候，報名參加「斑比部（日本全國桌球賽小學二年級以下類組）」的比賽。就在一年之後，她果然成為能和比賽對手來回對打一千次的高手。我對當時那個只比桌球台高出那麼一丁點的小小選手，印象非常深刻。

不過，她的母親在她的成長紀錄書《小愛不是天才》中提到，福原愛並不是大家以為的天才，之所以會有今日的成果，全是因為她拚命練習而累積來的。

與兄弟姐妹互相切磋琢磨而有所成長，長大後更在各個領域中活躍的名人之中，最常被津津樂道的，以前有喜劇電影的馬克斯兄弟（Marx Brothers），最近則有連續推出熱門電影作品的導演喬柯恩兄弟（Joel Coen & Ethan Coen）、越野滑雪的奧運選手荻原健司、荻原次晴兄弟、世界級的小提琴家五嶋綠、五嶋龍姊弟、以及花式滑冰的淺田舞、淺田真央姐妹等等。

自己的目標和互相競爭的對手就在身邊，就以這一點來說，我想這些人的成長環境是非常得天獨厚的。

最近由於社會環境與生活環境的變遷，使得能讓很多孩子聚在一起遊玩的場所變少了。就因為我們正處於這樣的時代，才應該多多積極地為孩子製造更多與不同年齡的孩子在一起遊玩的機會。

孩子的感受性和適應力原本就優於大人，所以只要替他們準備一個適當的環境，就能自然而然地培養出同理心與體貼人的觀念。只要使用讓孩子與不同年齡同伴相處的「長幼」魔法，他們就會在不知不覺中，具備連媽媽都覺得不可思議的合群能力與社會適應力。

【重點】

讓年長、年幼的孩子相處，能讓孩子省思自己，朝正面的方向邁進。

「夫妻吵架」魔法

讓孩子看見意見的對立，可以幫助他們培養判斷力

讓孩子更早形成自覺的魔術

隨著線上遊戲和電玩的普及，我們很難找到有哪個孩子是沒有玩過電動玩具或是線上遊戲的。我相信當孩子們在看到電視廣告、雜誌，或是從同學朋友那裡聽到相關的電玩遊戲資訊後，無不想盡辦法要向父母拿到手的。但是，父母總是擔心：一旦輕易滿足孩子的需求的話，漸漸地他們會不把得到的東西當回事、不懂得惜福；或是慢慢開始不遵守當初的約定等等。

因此，通常一旦孩子開始對電玩遊戲感興趣，不少父母都會開始煩惱於是否該買給孩子電玩設備、理想的購買年齡、以及孩子玩電玩時應遵守的種種規定。

在這裡，要跟大家介紹一個不需要耗費唇舌向孩子賣力解釋「要好好珍惜東西！」、「要遵守約定！」等觀念的魔法。

我的朋友家曾這樣運用「夫妻吵架」魔法：小朋友A想要買電動玩具，並且向父母提出要求，面對這件事情，父母雙方意見不一致，爸爸對此持反對意見而媽媽卻想滿足孩子的要求，兩人之間的想法沒有交集。某一天，在A的百般吵鬧之下，媽媽不得已答應了他，知道狀況的爸爸勃然大怒了起來。

「小孩子本來就應該到外面去玩耍才對。如果買了電動玩具，他一定就會待在家裡不肯出去找朋友遊玩了，這樣一來，運動量不夠，身體不健康，而且長時間打電動對視力也不好，所以我堅決反對！」面對爸爸這樣說，媽媽也表示了她的想法。「只要他遵守我們事前的規定就好啦！打電動本身又不是件壞事！」……

於是這對夫妻就在孩子面前你一言我一語地吵了起來。從頭看到尾站在旁邊看著父母爭吵的A，開始感覺到爸媽是真的認真地為自己的事情說出不同的看法。

聽著父母的爭吵的他，在旁邊默默地思考該怎麼做，最後，A這麼跟爸媽說。

「我還是想要買電動玩具。不過，同學B的爸媽有規定他『只要是好天氣就得到外面去玩』、『一天只可以玩一個小時』等等，我也可以跟你們約定並遵守，所以請買給我好嗎？」

這個故事的結局是，最後A如願得到了電動玩具。之後，他也都能乖乖地遵守和爸媽之間的約定。不只如此，他的媽媽還說，A因此學會了分配時間，並且懂得看情況來決定做事情的優先順序。

其實，這就是「夫妻吵架」的魔法。這對父母藉由把各自的想法說清楚，讓A從中察覺到爸媽各自的想法，而且也看出「如果想得到電動玩具，一定要遵守承諾」的重要性。這對夫妻默契十足的演出讓A自己想出了解決問題的方法。

讓孩子了解多元價值觀是必要的

「之所以會有今天的我，全拜小時候父母的感情不好所賜。」這是我一個大學教授的好朋友說的。

正確來說，他的父母並不是感情不好。只是他的爸爸跟媽媽都不會去迎合對方的意見，常常將自己的意見率直地說出來讓對方知道，所以才會常常發生爭執。

我無法確認朋友的雙親是不是在了解「夫妻吵架」魔法的真意才會這麼做。不過，就結果而言，這個魔法的確是得到了不錯的成果。

據朋友說，他小時候看到自己爸媽吵架的樣子之後，在幼小的心靈中有了這樣的想法：「每個人都有不同的想法。所以我們不應該輕易地附和別人的意見或是強迫別人接受自己的，如果發現自己跟對方的意見相左，就應該要想盡辦法說服對方，直到對方認同為止。」

這樣說來，你可不要誤以為這個小孩從小就有慧根，據他說：當時年幼的他也常常在聽了不同的想法後，為了不知道該選哪一個而感到困惑。所以，當他怎麼想都想不出個所以然的時候，就會去翻書好尋求解決的線索。

父母的「夫妻吵架」魔法，鍛鍊了他的思考能力、判斷能力、以及決斷能力。

「夫妻不應該在孩子面前吵架」當然我們也可以聽到諸如這樣的相反說法。此外，像是毀謗、人身攻擊等互揭瘡疤之類的吵架，也絕對是應該避免的。不過，我們也應該事先或是在事後讓孩子知道：「這是爸媽針對重要事情的意見交換，而不是在吵架」讓他們安心。

如果有必要將事情引導往更好的方向，我想夫妻反而應該大方地在孩子面前認真討論各自觀點才對。

【重點】

看見爸媽理性討論事情，可以讓孩子認識面對問題的處理方式。

「寵物」魔法

藉由寵物，培養孩子的探索心和體貼心

讓孩子選擇要養的寵物會讓魔法的效果更好

讓孩子學著照顧寵物，對心理和大腦的成長上都會發揮很好的效果。其實光是這樣就可以算是「寵物」魔法了，但在這裡，我們要再下一點巧思，讓魔法的效果加倍。

「我會負責照顧小狗，不會給媽媽添麻煩的，讓我養好嗎？」一個小女孩向媽媽做出這種保證之後，和母親一起來到一家寵物店。

媽媽屬意一隻可愛的小型犬，可是小女孩卻挑了一隻大型的黃金獵犬。媽媽雖然面有難色，但想了一想，最後還是決定讓小女孩飼養那隻黃金獵犬。

好不容易才可以養狗的小女孩果然遵守自己和媽媽的約定，每天早上和傍晚都帶小狗

從飼養寵物中學會的愛和體貼是無法透過電子寵物遊戲機得到的。

去散步，飼料也都準時替小狗準備好，將小狗照顧得無微不至。

當小狗吃壞肚子或是生病的時候，小女孩不但寸步不離地照顧牠，並且詳細向獸醫報告小狗排泄狀況、大便的模樣，還請教獸醫該給狗狗吃什麼樣的食物、如何餵牠吃藥等等，可說是竭盡所能地照顧牠。

如果孩子說開始飼養寵物後，要自己照顧的話，我們就應該讓他自己選擇要養的寵物，這是「寵物」魔法的鐵則。

就這點來說，上述的這位媽媽可說是做了一個明智的決定。如果他明明想要的是黃金獵犬，但你卻買了隻吉娃娃給他，那這個魔法的效果就會減半。

飼養寵物可以讓孩子無限擴展觀察力

最近，男孩子之間很流行獨角仙或鍬形蟲等甲蟲類動物。非常喜歡獨角仙的B為了做暑假作業中的生物觀察日記，而買了一隻獨角仙。於是，有一天，B一邊寫飼養日記，一邊對身旁的媽媽這麼說，讓媽媽非常驚訝。

「媽媽妳知道嗎？世界上重量最重的獨角仙叫做毛象大兜，牠的體重有100公克。產地是南美的墨西哥……」

原來，在調查如何飼養甲蟲的過程中，B不知不覺地把獨角仙的種類、英文名稱、習性、產地國的地理位置、該國的國旗以及生活習慣等，全都記起來了。

這是有心飼養寵物而努力查證資料的結果。然而，近來卻有越來越多的孩子沒有辦法正確地把動物、植物、昆蟲等的樣子或是足肢數量、翅膀的位置正確畫出來。先別提這是因為孩子們缺乏實際體驗的緣故，我認為孩子本身的觀察力、注意力以及記憶力的減退，恐怕也是主因之一。

不需要以填鴨的方式就能刺激孩子們學習，是這個「寵物」魔法的最大好處。被施予這個魔法的孩子會展現旺盛的探索心，並懂得以積極的態度去學習。

電子寵物裡的寵物根本不算是寵物

雖然有點離題，不過我要談談最近還蠻在意的一個現象。那就是「電子寵物」有再度流行的趨勢。我最常聽說孩子玩「電子寵物機」所發生的狀況是當初把電子寵物照顧得無微不至的孩子，漸漸地感到厭倦而棄之不理，等到下次再去看的時候，畫面中的寵物已經死了。孩子雖然會因為寵物的「死」而感到悲傷，但在下一個瞬間，他只要按下RESET鍵之後，他又好像什麼事都沒發生一樣，開始養起下一隻新的寵物……。

也許是我多慮了，不過從很早以前，我就開始擔憂對於已經習慣這種感覺的孩子，要怎麼教導他們生命教育、讓他們理解生命的可貴呢？

正因為飼養真正有生命的寵物的過程裡，蘊藏著電子寵物遊戲中所沒有的、人類無法操控的「神秘力量」，所以我們才能從寵物身上學會「生命的尊嚴」和「體貼的心」。因此，最後我要說的是，照顧畫面中的電子寵物是絕對比不上飼養真正的寵物所能獲得的。

【重點】

讓孩子飼養自己喜歡的寵物，可以培養他們的責任感和體貼心。

「初次體驗」魔法

讓腦部靈活化的「初次挑戰」

「初次體驗」的機會，其實到處都是

在第1章的時候我曾提到過，日本電視台的綜藝節目〈第一次幫媽媽買東西〉讓大家看見了上小學前的孩子們不依賴媽媽而自行去購物的模樣，這樣的畫面每每令我感動不已。

每次看到電視畫面中孩子們哭泣的表情、堅強面對未知的神情、和朋友或兄弟姐妹一起絞盡腦汁的臉龐、還有他們互相扶持度過難關的樣子，我就深深感到孩子們的潛力之深，實在是無法估量。

「我家的孩子要是也能像他們一樣堅強就好了！」我想，像這樣邊看著電視邊嘆息的媽媽應該也大有人在才是。

其實，這個電視節目裡還隱藏著一個能引導出孩子潛力的「魔法」。那就是讓孩子有更多體驗的「初次體驗」魔法。

「初次體驗」的刺激可以使孩子的大腦更靈活，這是由科學家實驗證實的結果。根據調查結果顯示，比起缺乏生活體驗的孩子，在生活上能有較多體驗的孩子通常會比較積極。

像是讓孩子幫忙做家事、幫忙買東西、幫忙掃廁所浴室、幫忙折衣服、或是幫忙照顧比自己小的孩子等等，這些「初次體驗」的機會其實在家中俯拾即是。只要依照孩子的年齡，讓他做能夠勝任的工作，只要在安全範圍內，其實任何事都可以讓他們試試看。

此外，把體驗的場所往戶外擴展也是個不錯的選擇。近來，有機會去戶外爬樹或是抓蟲的孩子是越來越少了。正因如此，我們可以在星期假日時，在孩子到附近的公園去或是郊外，讓他們盡情地在大自然中遊玩。

讓孩子爬爬比自己還高的樹，或是抓抓蝴蝶、蜻蜓等，各種各樣的初次體驗將帶給孩子們從未體驗的刺激感與新鮮感。

生活中的家事體驗和大自然體驗不斷被忽略、變少，從另一方面來看，也代表著還有很多初次體驗是孩子們尚未經歷過的，所以，只要父母有心，機會應該是到處都有才對。

我想只要父母多點用心，藉由讓孩子做更多的家事或是改變假日的遊玩方式來刺激孩子的大腦，增加他們的思考力和行動力的魔法，應該是隨時都能施展的。

「初次體驗」的失敗經驗是非常重要的

有時候，當我觀賞那些讓孩子們比賽料理的電視節目時發現，這群孩子果然不是蓋的，每項料理都是不輸給專業廚師的好作品。

孩子們不但在切魚的時候很有架勢，各種蔬菜的角切、十字切、雕花等小技巧也都很純熟，他們所展現的技術看起來還真不像是小孩子應該會有的。我原先以為這些都是媽媽們熱心指導的，但後來才知道這些都是他們自己所研發出來的料理手法，著實讓我吃了一驚。

不過從另一個角度來看，沒有人教他們反而是件好事也說不定。

當孩子挑戰做菜的時候，有的媽媽會一直在旁邊不斷地指導：「把皮削薄一點！」、「要先加砂糖再加醬油！」等等。但是，如果是孩子自己想試著做菜的時候，我想還是在旁靜靜觀察就好，我們只要提醒孩子注意安全即可。

孩子第一次嘗試的時候，也許會浪費很多的材料、也許會把鍋底燒焦、或是一片混亂的流理台……，善後時的處理也可能並不簡單且辛苦。

可是，我認為就是要經過失敗之後，孩子們才會知道「原來這樣做不行，下次得那樣做才對」，而創意也會從中衍生。

事實上，不管年齡多小的孩子都一樣。等到他們大到可以上幼稚園或托兒所的時候，孩子的成長速度可是會讓父母們都嚇一跳。

比如，有的孩子在公園玩的時候，看到弟弟跌倒後就會立刻跑過去，然後牽著他的手到水龍頭旁邊替他洗傷口，我想很多人都看到過這樣的景象，並且曾因而心生感動。

所以，就算孩子們沒能把碗盤洗乾淨、買錯了東西回來、爬不上樹等，總之，遇到困難時，我們也要堅持繼續施展這個魔法。

只要持續施展「初次體驗」魔法，孩子就能經由體驗未知，而自然從中學會適當的處理方式。孩子是可以自己從中學會如何思考和判斷的，所以我們只要不插多餘的手，靜靜地在一旁守護著他們的成長即可。這一點是非常重要的。

【重點】

只要放手讓孩子去體驗，就算再小的事情，也能增長其思考力和判斷力。

「損益評估」魔法

向孩子分析事情的得失輕重，會讓他們更容易了解

任何的說理都比不上「評估損益」來得有說服力

對不肯做作業的孩子，就算你費盡唇舌跟他說「這都是為了你好」「讀書得養成習慣才行」等大道理，他也不見得會明白。這個時候最有效的就是「損益評估」魔法。我們可試著從幾個選項當中，評估出其中的好壞得失，讓孩子知道才行。

例如：A對於每天做回家作業顯得意興闌珊，於是，他漸漸開始敷衍了事。除了每天的習題之外，他常常還要把前一天錯誤的地方訂正才行。結果，對家庭作業簿感到厭煩的A，不僅開始討厭做家庭作業簿，對於學校的學習也感到乏味無趣。看到他這樣，媽媽說話了。

「如果一開始就沒有用心做作業的話，之後你就一定要花時間訂正，這樣你每天需要做作業的時間就會變長。但是，如果你一開始認真做好家庭作業的話，你就不需要花時間訂正。還可以省下時間做你想做的事。你好好想一想，你覺得哪一種比較好？」

想了一會兒，A這麼回答：「每天放學回家，我想去打打球、看看書、看看電視。所以，我覺得一開始就把家庭作業簿做好才對。」從那次媽媽分析給他聽，他想通之後，聽說現在他每天都認真地做家庭作業簿。結果，A每天回家寫作業時間不但縮短了，而他再也不因為做習題而苦惱了。連帶地，他在學校的成績也跟著有了顯著的進步。

孩子總有一天能做出正確的價值判斷

我們經常會有「評估得失＝心機重＝不夠光明磊落」的觀念，所以認為用評估損益得失來判斷事物是件可恥的事。

的確，做每件事都得經過「估算」的思考方式是顯得有點小人、自私的，不過，我們偶爾也應該調整一下，轉換一下自己的想法。

「只要學會認字，就可以毫無障礙地讀自己想讀的、喜歡的書」「只要學好英文，不但可以輕鬆到國外旅行，還可以在看外國電影的時候，聽自己喜歡的外國演員的真實發音……」像這樣以「未來的好處」為目標而拚命努力，相信就沒人會認為不妥吧？

「正因為他們還是個孩子，所以我們才要教導他們正確的價值觀。」有的父母堅持這樣的看法。不過，孩子會隨著自己的成長，而漸漸學會如何判斷事情的選擇方式，以及用社會一般的價值觀為基準來衡量事情。因此，我認為與其過於擔心將來的事，不如根據孩子的成長採取較為彈性的對應方式，才是我們最優先應該做的。

因為孩子的人生經驗仍然稚嫩、淺薄，所以，在思考事情時，他們容易流於自我中心來思考，因為缺乏全面性思考而導致想法上有些偏差。不過，這個魔法是協助父母以逆向操作的方式，把孩子導向正面的方向去，而且只要你試試看就會發現效果是相當顯著的。即使孩子的判斷是以利害得失為標準，但只要父母的解析能使他認同一些必須去做的事，我想這樣的方式對孩子來說，會是一個強烈動機的來源。

運用「損益評估」魔法時，只要配合對的時間和情況以及抱持客觀的態度，就可以讓孩子漸漸地能夠自主思考，並且培育出一個有判斷力和行動力的孩子。

【重點】

不以「大道理」而以「得失」來溝通，會讓孩子更認同。

第3章

讓孩子有自信的魔法

「加法」魔法

把孩子的優點逐一往上加的正面效應

優點和缺點成就一個平衡的社會

世上沒有絕對完美的人，所以，人各有優缺點。當然，孩子也不例外。父母看待自己孩子時，是著眼於他的缺點還是優點？這個著眼點將攸關孩子的未來，這麼說絕不為過。

如果父母能只看到孩子的好的部份，經年累月地把這些好的優點一直往上累加，那麼，自然地就能使孩子在有自信的狀態下成長。而這就是我所謂的「加法」魔法。

如果我們具有比一般人還優秀的長處，就可以利用這個優點來幫助別人，或是成為別人仿效的對象，形成一股正面的力量；如果我們有缺點的話，我們也可以因為別人的幫助來完成想做的事情，並因此對對方興起感恩的意念，並將對方視為學習對象。

父母著眼於孩子的優點還是缺點，將大大影響孩子的人格成長。

同時擁有長處和短處，即使讓一個人看來不完美。但就人類整體來說，正因為每個人各有長處和短處，才讓世界能處於平衡的狀態。這樣的「加法」魔法，其實就是一種「正面效應」的種子。

所以，身為父母的我們，首先應該了解這樣的事實，然後，再以身作則地把這樣的正面觀念傳達給孩子，這才是最重要的。

只看到缺點的「減法」思維

實際上，常常有父母在面對孩子的時候，把缺點當成是不應該存在的，而把個人獨特的特質當成是「錯誤的」。

當父母有這樣的想法並時時表現出來的時候，那可成了讓孩子喪失自信的主因之一了。當孩子自己不完美的部分沒有受到父母甚至他人的如實接納時，將使得孩子感到自卑，久而久之將讓孩子在心中形成一種負面自我的認同。父母之所以會老是只看到孩子的缺點，其實是因為大人已失去對自己與他人寬容的心，並一直以「減法」的觀念看待孩子的緣故。

一位心理治療師曾這麼說過：「無法完全接受自己的人，是因為在心裡有一個完美的自我形象。只要有某個部份不符合這個形象，他就會無法認同自己，以致於不能接受這樣的自己。於是，在喪失自信後，就變得厭惡自己起來。不能認同自己的人將來也會變成無法認同孩子的人。」正因為人生來就不完美，所以才要多多學習，好彌補不足之處。人有缺點而不完美，是理所當然的事。我們自己要先能接受這樣的觀點，全盤地接受自己之後，才能健康地看待孩子，進而將「加法」魔法施展到孩子身上。

只要能認同自己就能獲得他人的認同

孩子一旦被植入了缺點等於犯錯的負面想法後，就會在心裡產生「也許媽媽根本就不喜歡我」「我是個缺點一大堆的窩囊廢」等的想法而感到自卑和厭惡自我。

日本東京都知事石原慎太郎曾推動「心靈東京革命」，他對孩子的教育總是不遺餘力

地貢獻。他曾說過：「就因為我們是人，才會同時有長處和短處。我從未想過培育一個什麼都會的、完美的人。」

身為父母，最重要的是應該以一顆寬容的心來對待孩子。每個人只要能接受與被他人認同自己的缺點和不喜歡的部份，他就能同樣地就能去認同、接受別人的看來不完美的特性。

我之所以會這麼說，並不是說父母完全不需要去矯正孩子的缺點，只不過為人父母的我們首先要做的，應該是告訴孩子：「不管你是什麼樣子，爸爸媽媽都一樣愛你。」「只要做你自己就好了。」這才是最重要的。

對孩子來說，這樣寬容的話語才是對他們最大的讚美。這是一種增加孩子自我認同與自信的「加法」魔法，同時也是「正面效應」的語言。只要孩子是以正面的態度面對自己，那麼未來的路上，他將能樂觀積極地面對每一個挑戰。

【重點】

缺點也是人格特質，請試著讓孩子去接受它。

「遙控」魔法

間接的魔法能觸動孩子的心靈

讓別人來責罵自己孩子的效用

「如果能像操控機器人一樣，只用一台『遙控器』就能讓孩子乖乖聽話，真不知道該有多好？」我想父母在教養孩子而面臨困境時，總是感到筋疲力竭，偶爾會這樣想的人應該不在少數。不過，父母之所以這麼想，應該是想找到一個情緒的出口，這既不是偷懶也不算是摸魚，在這裡我要推薦一種能「遙控」孩子的魔法。

常常聽到有父母用「在家一條龍，出外一條蟲」來形容孩子。事實上，不光小孩會這樣，連大人也是如此。在乎外人的眼光是東方社會普遍的價值觀。因此，只要利用這一點來管教孩子，原本不甚聽話的孩子，也能像被施了魔法一樣乖乖聽話。

第3章 讓孩子有自信的魔法

即使平常把父母的說教當成耳邊風、充耳不聞的孩子，只要讓平常很少對孩子說教，或是不熟的大人裝得很嚴肅地、刻意地對孩子說個幾句，孩子們就會立刻繃緊神經，不得不專心聽訓。這種間接的技巧，可以在某些場合讓管教小孩變得格外簡單。

我曾有過這樣的經驗：有一次，有幾對父母帶著孩子一起到電影院看電影。其中有一個在外一直都表現得非常活潑的小男孩，當天就在電影院裡大聲喧嘩吵鬧，使得周圍的人都感到相當困擾。

「安靜一點！」雖然媽媽好幾次都試著板起臉孔想要使孩子聽話，但孩子始終無動於衷、依舊吵鬧。於是，同去的友人（也是一位媽媽）給孩子的媽媽使了一個眼色，接著突然嚴厲地對這個小男孩說教起來。「○○，這裡是需要安靜看電影的地方。如果你不能保持安靜，繼續吵到其他人，我就不讓你看電影！實在沒辦法的時候，我會把你趕出電影院喔！」結果，一直吵鬧不休的小男孩被阿姨突如其來的舉動嚇了一大跳。只見他睜大眼睛，呆了半晌，之後便坐在座位上安靜地把電影看完。

如同上例所述，比起父母不斷地嘮叨責罵，外人的一句話就具有如同搖控器般可以控制住孩子的神奇力量。這就是間接的「遙控」魔法。

不當面誇獎，也是「遙控」魔法的一種

即使是已出社會工作的大人，對於上司當面的稱讚總是有種不實際的感覺，還不如聽到別的同事向你說「聽說部長誇獎你很用心、做得不錯喔！」更來得真實、高興。其實孩子也一樣。「外婆回家之前有跟我說喔！她說你是個既親切又善解人意的好孩子！」像這樣由媽媽間接轉述外婆誇讚他的話，相信孩子一定會出乎意外地振奮，而且久久不忘。

我這樣說也許有些失禮。不過，只要藉由按下阿嬤這個遙控器的開關，就可以順勢把自己對孩子的想法傳達給他知道，這可真是不折不扣的「遙控」魔法。而它之所以有效是因為不論是褒或是貶都是來自於外人所給予的客觀評價，所以對孩子來說特別有真實感。也正因為如此，父母可以以非關係人的角色與孩子一起享受受到讚美的愉悅感或是與孩子一起面對被責罵的失落感，這也算是個不錯的好處。

刻意讓孩子看見自己訓斥別的孩子的畫面

此外，這個「遙控」魔法還可以這樣的變化。

有些孩子因為個性的關係，如果直接斥責會讓他感到自卑畏縮，這個時候父母的斥責反而會造成反效果。面對這種性格的孩子，父母當避免直接當面斥責他是比較聰明的作法。取而代之的，我們可以利用他的朋友作例子舉出朋友的不足之處來做到間接提醒的效果。這樣做可以讓孩子自己發現應該改正的地方。

例如，平常老是跟妹妹吵架，無論父母如何勸說，仍舊我行我素的A在跟朋友B玩的時候，發現到B正在欺負自己的妹妹。A的媽媽眼見機不可失，於是立刻糾正正在欺負A妹妹的B說：「我們是大哥哥，應該要保護年紀小的妹妹！應該要對小妹妹溫柔一點才對啊！」看到自己的朋友被媽媽提醒的A，除了一邊慶幸挨罵的不是自己之外，同時也開始回想起自己以前的所作所為並不符合一個當哥哥的該做的。我想他應該會發現到自己也經常欺負自己的妹妹，然後開始自我反省。

另外，如果情況相反，朋友B非常照顧A的妹妹時，我們見勢要大力地稱讚B：「你好了不起喔！沒想到你這麼懂得照顧妹妹，真不愧是做哥哥的好榜樣！」相信也能達到同樣的效果。

【重點】

他人的訓斥或稱讚，可讓孩子坦率地接受。

「糖衣」魔法

讓孩子願意修正行為的妙法

失敗時才是最佳契機！記得先褒獎後指正

如果你想要維持好的人際關係，與人說話時，記得不要劈頭就批評對方的缺點或失敗，這會是個較聰明的選擇。這樣的技巧不僅適用於朋友，甚至家人與親子之間也非常需要。但是，我們面對摯愛的人總是做不到這一點。我們總是覺得，就是因為他是我孩子，才更要嚴格。事實上，親子關係也屬於人際關係的一環，所以，即使要責罵孩子或是與孩子溝通，也同樣需要用點技巧。而我在這裡所要介紹的就是「糖衣」魔法。

例如，每當孩子考試成績不佳，或是犯錯的時候，許多媽媽都會選擇立刻責罵孩子。

「連這種問題都不會？」「你看！我就知道會這樣！」等等，很多媽媽都會這樣不顧

讓孩子有自信的魔法　第3章

只要責備時的語言與態度不要太過分，孩子是會樂於接受的。

孩子的心情或是事發原因就劈頭痛罵。這樣做的後果就是孩子不會先對結果有所反省，取而代之的是對於媽媽態度的反感和反抗心。

其實，我們要做的不是引起孩子反感的批評和責罵，而是要學會如何把這些出於「善意的指正」用糖衣包裝起來，讓孩子容易接受。

我相信當孩子受到考試考不好、事情做得不完美等挫折的時候，承受最大打擊與壓力的是孩子自己。如果這個時候父母還斥責他的失敗，豈不等於落井下石？

此時，父母與孩子的溝通態度與方法就顯得相當重要了。首先，我們必須先讓孩子的心情安定下來，並將他們的注意力吸引過來我們這裡才是。

就算孩子失敗了，父母可以先放下擔心與焦慮，抱著孩子給予鼓勵說：「我知道你已經盡力了」。這就是「糖衣」的部份，只要先這樣說，我想他們就不會感到不耐煩、也沒有反抗的心態，而願意繼續聽我們說下去。接下來，我們就可以適度地給一些建議，這麼做一方面能讓孩子靜下心來正視自己的缺點，一方面也能讓失敗有正面的效果。

總而言之，在指出孩子的缺點之前，我們應該先施予能讓他們的情緒穩定下來的「糖衣」魔法。這樣，孩子就比較願意把父母的指正和教訓聽到心裡面去，而父母的關心也能傳達給孩子知道。

有效的說服技巧：「三明治讚美法」

心理學上有一名為「三明治讚美法」的溝通技巧。亦即面對孩子的缺失，我們可以先讚美對方之前的好經驗，再說出批評，最後再表達出相信對方的能力並給予鼓勵的「三明治」技巧。這樣做不但能不使孩子產生反感和反抗心，同時也能達到鼓勵對方的效果。

說服技巧純熟的父母，即使在面對孩子的考試成績不好、或是孩子犯錯時，絕對不會不分青紅皂白地劈頭一陣痛罵。就像前面所提到的，跟孩子溝通時，我們應該先從認同孩

子的優點開始談起。

然後，我們要接著對孩子說：「如果可以在最後交卷之前再檢查一遍就好了。」藉此提供能讓成績進步的智慧（想法）。最後再給孩子一句鼓勵：「下次你一定能做到！」

簡而言之，要讓孩子心悅誠服地接受建議的重點在於，不要直接把自己的情緒加諸在孩子身上，應該用「讚美」這個糖衣把我們的建議包起來，好讓孩子能樂意接受。

這麼一來，孩子就會自己檢討失敗的原因，然後，願意接納與改進。等到他能接納我們的想法並開始實行時，就表示他已經願意接受我們的建議，而且積極改進了。

我們在觀賞電視上的明星選秀節目時，常可以看到上節目接受評選的人在表演後，都會被評審點出可以改進的歌唱或是跳舞的技巧。這些對他們來說，都是可以幫助自己進步的建議。而這些建議的基本型態，就是「感化↓資訊↓感化」。

只要能好好運用這樣的說服方法，任何令人難以接受的「教訓」就能在容易入口的糖衣的包裹之下，像是溫柔的魔法般讓孩子虛心地接納。

【重點】

當孩子失敗時，若能先就之前的好經驗予以稱讚，將使溝通順暢。

「Only One」魔法

和其他孩子不一樣的特質，才是他們未來最大的本錢

讓「獨特的花朵」綻放

人，總是擔心自己和別人不一樣。但如果每個人都跟罐頭工廠裡所統一製造出來的罐頭一樣，這樣世界一定會很無趣。我想勸勸各位媽媽，與其擔心自己的孩子跟別人不一樣，不如努力看出自己孩子與其他孩子不同的特點。這樣不但能替孩子省去許多無謂的競爭，還能針對他獨特的特點，讓它得以發揮。這就是「Only One」魔法。

日本家電製造商夏普（Sharp）的公司座右銘就是「與其 Number One，不如 Only One！」這是他們開發新產品的最大動力。

夏普公司認為，與其跟其他公司在同質度高的領域上爭奪第一，還不如做出和其他公

司相異且具有市場競爭力的產品。此外，不浪費無謂的資源，而選擇在新的領域上創造並豎立第一的口碑，我想也是他們的戰略之一。這句「Only One」現在已經成為他們公司每個員工的口號。令人驚訝的是，這樣的口號就像是魔法般發生了功效，讓夏普得以製造出液晶以及太陽能發電等領域的獨特產品而獲得良好的業績。

如果以同樣的角度來看，其實孩子也是一樣。我們其實不應該老是拿孩子跟其他孩子相互比較，並且認為這樣才能激起他們的競爭心。身為大人，特別是身為父母的我們首先要做的，應該是發現、引出孩子的獨特性格才是。

別的孩子所沒有的「Only One」部分，如果用目前普遍的價值觀去衡量是很難看出的。一般的價值觀容易讓我們在不知不覺中，只懂得去矯正自己孩子與他人不同之處。但是，這些與眾不同的部份才是孩子與生俱來的寶物，也是他們將來的優勢。正因為與人不同，他的獨特才會成為他的強項，只要懂得讓孩子發揮那個獨特的才能，我們就可能培育出一朵珍奇的花朵。

評量孩子的三把尺

有不少父母習慣只以功課好不好？會不會唸書？來評價一個孩子。

那是因為父母本身以為只有用「智育」才能看出好孩子的緣故。教育孩子時，必須「德」、「智」、「體」、「群」、「美」等多方面都要取得平衡才行。也就是說在孩子成長過程中讓孩子多方接觸多元面向，否則，將來孩子就會成為一個無法有多方發展的機會的人。父母也無法從其他方面了解孩子的更多優勢

我覺得堅持要孩子進好的學校，要求孩子應該要好好用功讀書，考得高分的父母，多半就是因為只擁有一個觀點與量尺看待孩子。這麼做的結果，到頭來只會埋沒孩子的個性、價值觀以及才能而已。

以前日本的幼稚園和小學，曾經流行過一種提倡「大家一同跑到終點」的賽跑，這樣的方式簡直可說是完全抹煞個人特性的教育方式。它大膽無視於每個人的差異性，竟然以「因為最後一名的人太可憐了」以及「學生本來就需要平等的教育」之類的荒謬理論來推廣這樣的賽跑。然而，更令人不解的是，當局對於成績以外的競爭是這樣的態度，但在教室裡，卻要求學生展開殺戮的「偏差值戰爭」，這兩者有著天大的矛盾。由此可看出，面對升學競爭時，不只是父母，就連學校也只用一把尺來衡量孩子。

認同孩子的獨特性和才能，可以增加親子關係

讓孩子有自信的魔法 第3章

願意認同與接納每個人的獨特性和才能並協助發展的父母，就像是能從任何地方變出花朵的擁有高超技術的魔法師。

孩子的獨特性就像是各個種子所包含的各種可能性，而讓這些種子開出美麗花朵的，就是善用魔法的媽媽的魔力。或許有的媽媽會說：「可是我們家的孩子那麼平凡，哪裡有什麼獨特的才能啊？」我認為這樣的媽媽，一定是沒有好好察覺自己孩子的獨特之處。

只要你願意仔細觀察，一定可以發現自己孩子的亮眼之處。只要不跟其他孩子做比較，只細心著眼於孩子的昨天跟今天的不同的話，你一定能發現他有所成長的證據。

如果在觀察孩子時，你的心情仍舊只隨著考試成績起舞，那麼你絕對看不出那微妙的獨特之處，更不可能讓孩子朝他拿手的才能去發展的。如果你有心想找出孩子的特質，請記住：重點不是孩子有沒有拿滿分，而是你有多欣賞你的孩子，從優點著眼才能幫你找出目標。

只要在孩子天生的特性上使用「Only One」魔法，並堅信將來孩子的所有可能性，那麼，親子間的互信關係與親密度一定會更加穩固。

【重點】

只要能跟孩子一起找出他的強項並給予支持，就能讓他發揮到極致。

「傻爸媽」魔法

不在乎別人眼光，只相信自己孩子的魔力

分辨「傻爸媽」與「笨爸媽」之間的差別

被封為亞特拉心理學界第一把交椅的日本心理治療師星一郎醫師，總是問來聽演講的媽媽們知不知道傻爸媽與笨爸媽這兩者之間的差別。

根據星一郎醫師的說法，其差別是完全相信自己孩子能力的父母稱之為「傻爸媽」，而單純只為了圖自己方便地放縱孩子，則稱之為「笨爸媽」。當然，前者是我們心目中理想的父母。雖然「傻爸媽」這個名詞常常會讓人聯想到過度保護孩子的那種父母。不過，我認為這種相信的力量也是一種魔力，它會讓孩子產生自信，並充分發揮能力。總是相信自己孩子的獨特和能力，並且積極地表現支持孩子的心意，這就是所謂「傻爸媽」。這類

只要父母願意相信孩子，孩子會在不知不覺中成長茁壯。

型的父母本身就是正面思考的父母。

確實有些成功人士的父母就是這樣的傻爸媽。像是世界知名的棒球選手鈴木一朗、高爾夫選手宮里藍和橫峯櫻、桌球選手福原愛、將棋棋士羽生善治等人。甚至如摔角選手濱口京子的父親「野獸」濱口（濱口平吾）也樂於自稱是不折不扣的傻爸媽，充分展現出他愛女兒的自信。

就以高爾夫選手橫峯櫻為例，她的父親從她小時候就堅信自己的女兒能成為頂尖的高爾夫選手，所以向朋友租借了土地，不惜花費一千萬日幣的費用，將土地改建成全長兩百三十碼的高爾夫球練習場。於是，他們父女倆就利用這個專用的練習場，日復一日、年復一年地不斷練習。

為了籌措女兒學高爾夫的費用，橫峯爸爸還把老家給賣了，一家人過著每個月三萬日圓的租屋生活。聽到這裡，很多人都會問：「有必要做到這種地步嗎？」但是，就正因為他徹底地相信孩子，才能做出如此堅決的決定。

就算被人家說「這樣做也太傻了」也依舊堅定地相信孩子，這樣的父母一定也能讓孩子因此而相信自己的能力。我敢說，百分之百相信孩子的「傻爸媽」魔法，將能讓孩子有突飛猛進的進步。只要相信自己孩子的潛力，並且懂得享受親子一起並肩朝目標挑戰的那種喜悅和快樂，孩子就能毫不猶疑地繼續努力，而有開花結果的一天。

親子兩人三腳、合作無間，能讓孩子學會不屈不撓的精神

十三歲出道，以最年少之姿進入世界四大網球公開賽前四強的網球界天才少女——卡普莉亞蒂（Jennifer Capriati），我想稍微知道運動新聞的人應該都認識。

卡普莉亞蒂由於雙親無怨無悔的付出，使她終於得以活躍於四大網球公開賽中，並毫無意外地獲得了天才網球選手的稱號。

不過，畢竟父母也是人，不可能全方位都完美的。曾幾何時，她成了全家的經濟支

柱，她的雙親得仰賴她在球賽所得的獎金過日子，使得她的壓力與日俱增。

她不斷地壓抑自己、努力地參加各式比賽，直到卡普莉亞蒂發現自己罹患了衰竭症候群（Burn Out Syndrome，在年少時已達成所有目標所引起的症狀，也就是俗稱的身心俱疲症候群），才發現自己對網球已經完全失去興趣。更悲慘的是，之後，她還因為在商場偷竊，而震驚了世人。

此時，她的父母才對以往加諸於愛女的所作所為痛下反省，並決定幫助卡普莉亞蒂東山再起。他們喚起了卡普莉亞蒂心中對網球僅存的熱情，決定再一次一起努力再向網球挑戰。結果，卡普莉亞蒂完全地回復原有的實力，並連續兩次獲得世界四大網球公開賽冠軍的殊榮。

事實上，卡普莉亞蒂之所以能成功地重返網壇，除了她努力不懈之外，願意繼續相信她的能力和未來的那對「傻爸媽」所給予的支持的力量也不容小覷。

【重點】

相信孩子，並徹底地做個能和孩子榮辱與共的「傻爸媽」。

「比馬龍」魔法

父母親百分之百的相信，將能帶給孩子無限信心

有效地活用「比馬龍」魔法

堅信對方的未來可能性是一件很難的事。因為你根本看不到對方會成為想像中的那個模樣，而對自己的信念抱持懷疑。但是，只要心中堅信：「這個人將來必成大器」並且持續以行動支持他，結果對方就會不可思議地真的變成當初自己相信的那種模樣。

這是一種「相信」的魔法，此時的你也許會跟我一樣在腦中浮現出一句古之名訓：「精誠所至，金石為開。」而且，這個魔法聽來好像魔咒般地令人不可置信，事實上，這種因為相信而可能會發生在每個身上的現象，在心理學上稱之為「比馬龍效應（Pygmalion Effect）」。

讓孩子有自信的魔法　第3章

說到比馬龍，其實他是希臘神話中的一個塞普洛斯國王。他一直把一尊美女雕像當成真人般地深愛著，並深信這尊雕像就是一個活生生的美女。神看到這樣的他起了憐憫之心，於是，便賦予那座雕像生命，讓它成為真人，這就是「比馬龍效應」的由來。

當然像這則神話一樣把雕像變成真人是不可能的事。不過，若是因為「比馬龍」魔法讓孩子對某事產生興趣或是成績因而名列前茅，就並非不可能之事。

心理學家羅聖索爾（Robert Rosenthal）曾做過一個很有名的實驗。他拜託一位老師，請他以五擇一的比例任意挑幾個學生出來。然後請這位老師向這些被挑選出來的學生宣稱他們的成績一定會變好，也請老師自己也如此堅信。經過一段時間後，這些學生的成績真的進步了。這個「比馬龍」的力量，果然產生了超越預期的結果出來。

「怎麼可能？我才不相信！」如果你的想法是這樣消極、或是排斥這個魔法，那就什麼也都不可能成真了。身為父母的我們首先要做的，是先向自己施魔法，告訴自己「我的孩子是可以做到的。」

責罵之前先跟孩子說：「我相信你！」

我唸國中的時候，曾因為不服學校的嚴厲管教方式，而號召一群人去破壞學校的建築物。這件事如果擺到現在來看的話，我應該會被學校退學或是登上報紙版面吧。儘管是很久以前的事，至今我仍然難以忘懷。當時我們學校的校規十分嚴格，因此當我進到校長室前，老早就已經有可能會被退學的心理準備了。可是，眼前的校長卻沒有責罵，反而突然流起眼淚來。他對我說：「即使是現在，我還是願意相信你們。發生這種事，我實在感到很遺憾，也不知道該說什麼。我想你們也一定深深地反省過了。再一次好好想想自己到底做了什麼事。」即使是面對犯下滔天大錯的我們，校長還是願意相信我們有悔改的意願。這段話在我心中激烈地迴盪著。之後，我深深地自我反省，從此之後，我再也沒有做出破壞學校的事了。

「我願意相信你們」這句話，比起任何責罵的言語都要深刻，且重重地刻入我心中，也因為如此，現在的我才能以感恩的心情回顧這段往事。

「會錯意」和「誤會」也是「堅信」的一種

由以上這些例子，我想各位應該能體會到父母確信孩子的未來與能力，是非常重要的。即使不用話語刻意說出來，身為父母的我們也應該將想法暗示給孩子知道。如同「心電感應」般即使我們不說，孩子仍舊可體會到心中的那股信念。因此，我們不用苦口婆心地去催促，也能讓孩子自動自發地坐在書桌前唸書、或是把該做的事情做好。這是因為孩子自然而然地被父母的信念所引導的緣故。

很多父母會把督促孩子當成義務般地一直把「去唸書！」、「去做功課！」、「去洗澡！」……這些話掛在嘴邊。但是，相對地也有人在成長過程中，不記得自己的父母曾說過這些催促的話語。

我有個小有成就的朋友，曾在長大成人後問他媽媽說：「為什麼從小到大你從來沒有像別人的媽媽一樣，老是催我『趕快去唸書』、『趕快寫功課』呢？」結果，他媽媽卻不解地反問說：「咦？你不是一直都自己把事情處理得很好嗎？我還需要催你嗎？」

也就是說，這位媽媽「誤以為」她的孩子一直都可以處理好自己的事。

其實這樣的「誤會」百分之百可以幫助父母進入「相信孩子」的狀態中。這也可以說是完全進入自我催眠的狀態之中。類似這樣的誤會，我想應該多多發生在每一對親子之間才好。

【重點】

父母對孩子的信任，可以促使孩子的自發與自覺。

「笑容」魔法

孩子真正需要的不是玩具，而是父母的笑容

試圖用獎品來操控孩子是錯誤的

當孩子有優異的表現時，最好的獎勵其實是父母發自內心的「笑容」。「笑容」就像是天使的魔法一樣，溫暖而正面，比任何的獎品都來得有效果。給孩子實質的獎勵這個方法，如果能有效且正確地運用，的確是個能促使孩子繼續努力的方式。不過，這種方法最大的缺點是容易讓孩子陷入「獎品依賴症」之中。具體的來說，老是依賴給獎品的這種做法的缺點之一，就是容易越來越不能滿足孩子的要求。不斷地收到實質的物質上的獎賞的孩子，將來肯定會成為一個擁有極大的物質欲望以及不懂得如何忍耐的孩子。

另外一個缺點是，如果讓孩子總是處於只要努力就可以得到獎品的模式之中，相信不

最讓孩子感到高興的是父母所展現的笑容。

久的將來，孩子有可能會陷入誤以為努力只是為了得到獎品的泥淖之中，而完全忘了努力的初衷。為了防止這樣的事情發生，我們要運用「笑容」魔法來達到提升孩子自動自發的衝勁是非常重要的。

獎賞的迷思

曾經有一個以老鼠所做的臨床實驗結果，使我相當感興趣。這個實驗是這樣的。首先，科學家們將一個類似滾輪的玩具放到老鼠的籠子裡。結果，老鼠很有興趣地玩了起來。

就在老鼠玩得不亦樂乎的時候，科學家們加了個條件，那就是每當老鼠開始玩滾輪的時候，就給牠飼料當獎品。結果你猜怎麼樣？重複給飼料的結果是最後老鼠竟然對玩滾輪一點興趣都沒有了。

老鼠最初是因為好玩才去踩滾輪的，但是一旦給牠飼料當獎賞，而老鼠對飼料失去欲望之後，反而失去了想玩的動力。因為後來科學家將老鼠想玩滾輪的動機轉移到獲得飼料上，反而讓它忘記了原來的目的。也就是說，老鼠因為人類的自作主張使得原本的自主意識受到了操控而轉移，就像是施加了壞魔法一樣。

這樣的實驗結果也可以讓一心以為只要給予獎勵就可以讓孩子用功讀書的父母一個警惕。我們必須了解唯有能幫助孩子湧現自動自發的動力的獎賞，才是孩子人生中真正需要的。

最棒的獎品不是實際物質，而是能觸動心靈的感動

為了讓孩子的成績變好、讓孩子聽話，而用物質的獎賞來「控制」孩子，就短期來說，的確是具有立竿見影的效果的。

但要小心的是，這樣的作法並不能培育出一個懂得忍耐的孩子。也許沒有立即效果會令你焦躁不安，但要承受心中的焦慮也是身為父母的辛苦之處。

我相信即使沒有禮物或金錢，當孩子拿了滿分的考卷回家時，只要媽媽笑開懷地對自己說：「你好棒喔！努力有收穫喔！」那張發自內心喜悅的笑臉就足以滿足孩子了。

其實，當孩子發奮用功唸書、成績進步或是有好的表現時，最能激勵他們的就是父母的那張笑臉和喜悅。試想，如果對於孩子好的表現的回饋是買玩具給他或給予獎賞，卻沒有任何人為他高興，處在這種環境下的孩子就算物質上受到了滿足，心靈是永遠不會滿足的。

我們真正想要的其實是能觸動心靈的感動，也就是真心願意為我們高興的笑容。笑容所帶給我們的力量其實遠超乎我們想像。這就是所謂的「笑容」魔法。

所以，提醒各位父母千萬要謹慎買獎品給孩子。當然不是說完全不能給，只是我希望父母和大人們都能擁有不隨便給禮品或是金錢的忍耐力。這樣才不會成為養成孩子物欲的幫兇。請仔細想想，像這種免費的、取之不盡的「笑容」禮物，還真是世上最划算的呢！

【重點】

這世上沒有比笑容更好的獎品。當孩子有好表現時，請記得打從心裡為他高興。

「失敗」魔法

正因為失敗，才有「下一次」和「再來一次」的機會

培養一個不怕失敗的孩子

一個不容許失敗的人，跟一個認為失敗為成功之母的人，兩者之間對於未來的看法是有顯著差異的。當然，我認為後者才有積極正面的人生。

所以，媽媽們千萬不要把孩子的「失敗」想成是負面的，反而應該將它轉化成為正面的力量。因為「失敗」將是能夠讓孩子獲得成長的魔法。

不過，話說回來，人總是希望自己能規避失敗。所以，不知不覺中我們也開始勸誡孩子要「未雨綢繆」，希望他能避開失敗。因此，孩子們便漸漸對失敗感到恐懼。就連面對學校的考試，也因為害怕失敗而心存畏懼。這樣一來，「失敗」的魔法就毫無用武之地了。

我認為父母師長應該做的是告訴孩子，最重要的並不是如何避免失敗，而是讓孩子學會面對失敗，並將它轉化成進一步成長的智慧。

我們應該將「失敗」，當成飛向下一個成功的中途點。是指引我們今後前進方向的重要關鍵。

失敗是磨鍊「智慧」與「意志力」的教練

如果父母只知一味斥責孩子的失敗，那麼會讓孩子變得只挑安全的路走，不願冒險嘗試。生存在世上所需的、最重要的是「智慧」與「意志力」，那需要透過不斷的面對失敗和逆境才能學會的。受到大人的斥責而對失敗心生恐懼，將是導致喪失自信的最大原因。

首先，我希望父母或老師能改變一下想法，像個魔術師一樣可以立刻地把「失敗」的負面感觀，轉化成正面的力量。

換句話說，我們要告訴自己，孩子面臨失敗的時候，正是讓他們學會通往成功之道的「智慧」和「意志力」的絕佳機會。

捨棄責罵，向孩子說「我們再試一次」

我相信任何一個人面對失敗，都會相當難過與懊悔。孩子也是一樣。當孩子因為失敗感到痛苦與懊惱的時候，我們只要溫柔地對他說「沒關係！我們再試一次吧！」通常聽到媽媽的這句話，孩子就會感到安心，然後，冷靜下來檢視自己失敗的原因。

於是，思考出自己為何會失敗的原因後，孩子便會找出解決的方法。即使一開始的嘗試不如預期，孩子也會願意不懈怠地持續修正作法，這樣就能養成自己解決問題的能力。

若因此而形成一種良性循環，孩子們就會開始認為失敗是好的磨練的正面想法。自然而然就能培養出孩子的「韌性」和「忍耐力」，讓他們的意志力變得堅韌，最後解決問題的智慧就會不斷地累積，而讓孩子勇於面對失敗。

當孩子失敗時，正是父母施展「失敗」魔法的最佳時機。這麼做，一定能讓孩子的能力無限拓展。

【重點】

請把失敗當成是教育孩子的絕佳機會。

第4章

培養獨立自主孩子的魔法

「承諾」魔法

充分授權讓孩子自己訂定計畫，他們就會全力以赴

向眾人承諾的計畫是會貫徹到底的

有個小學生的媽媽嘆息道：「我們家的孩子雖然每年暑假都會訂一個豐富的學習計畫表，不過從來沒有實現過。」「即使計畫表上寫了每天的進度，卻從來沒看到他照著計劃做……」聽起來，即使訂了計畫，不但毫無用處，也沒有發揮功能。

這張計劃周詳的計畫表，乍看之下相當完美，實際上卻非常難以執行。

其中一個原因是，因為這不是出於孩子在十分清楚自己的學習意願和目標的情況下所做的計畫表，而是模仿計畫表範本所做出來的。另外一個理由是，他只是單純的把各科目表列下來而已，並沒有訂定出具體實行的內容。

培養獨立自主孩子的魔法　第4章

孩子言而有信時，大大給予讚美，將能培育孩子的自主性。

通常一個人在有所計畫的時候，如果目標非常的具體明確，所展現的行為就會變得清楚而積極；但如果目標曖昧抽象的話，行為就會變得消極。在心理學上這叫做「目標行動」。

這張小學生的計畫表，以內容來說並不具體，所以無法讓孩子積極地按表操課學習。

我認為所謂的具體明確的計畫內容應該就是像這樣：「○月○日～○月○日這三天，做國語習作1～3」，設定出一個固定的時間讓自己做這些事，盡量訂定出具體的計畫內容。

這個時候的重點是，要充分授權讓孩子自己訂定這些計畫。

為了能讓孩子把這份自己訂定的計

畫表執行得更加徹底，我們還應該鼓勵他在家人面前發表這份計畫表。如果都已經向大家承諾會這麼做了，礙於面子問題，我想孩子應該比較有動力去執行這個計畫表。這就是「承諾」的魔法。

被施予「承諾」魔法的孩子，會因為不得不遵守諾言而努力實行。因為如果做不到就變成了說話不算話的人。為了不變成一個沒有信用的人，孩子是會堅持地努力下去的。

讓孩子自己決定並承諾，能讓他願意自動自發

「承諾」魔法也可以在以下這個時候使用。

媽媽們經常會對剛從學校回來的孩子說「先把作業做完了再去玩。」但是，有可能孩子已經跟朋友們約好放學後的聚會時間。如果父母忽略孩子與朋友的約定而強力要求孩子必須聽命行事的話，有可能讓孩子出現反抗的態度，或是相反的，讓孩子養成事事都遵循父母指示的習慣，而喪失了自我判斷、自動自發的能力。

要先去做作業還是先出去玩，我想這個交由孩子自己來做決定就可以了。不過，如果孩子選擇先出去玩的話，要讓他先「承諾」什麼時候回來，預計何時開始做作業。自己決定並做出承諾的孩子，心裡會有「不可以破壞約定」的信念督促著他。

當孩子照約定時間回來，作業也如同約定一般完成時，我們可以把他這種如實遵守承諾的行為大大稱讚一番。當孩子嚐到這種自主行為被認可的成就感後，今後必定也會繼續這種自發性的約束。

但是，當孩子自己訂定了計畫並承諾執行後，卻沒能遵守諾言的時候，我們就要嚴正地予以提醒以促使他反省，藉此糾正他的錯誤。

與其指揮孩子先去做這個、先去做那個，不如讓孩子自己決定該怎麼做，並請他承諾會予以實行，反而更能提高實行計畫的效果，也能培養孩子自動自發的行為。

【重點】

讓孩子自己決定計畫並讓他向眾人承諾，他便會為了遵守諾言而努力。

「輕鬆媽媽」魔法

在放鬆的媽媽身邊，孩子也能跟著學會放鬆

孩子不是母親的分身

媽媽的工作是非常辛苦的。從照顧孩子、做家事到管理家裡的收支等等都必須一手包辦，而身為職業婦女的媽媽，除了家庭之外，還要分心處理自己的工作，可說是一刻不得閒。忙碌的母親總是全心全意地為孩子們奉獻犧牲，辛苦付出之餘，還希望自己的辛苦有所回報而對孩子寄予厚望。可是，了解父母辛勞的的孩子為了不辜負他們的期望，常會背負著無形的巨大壓力。

為了去除雙方的心理壓力，我想世上所有的媽媽都應該找個專屬於自己的時間稍微輕鬆一下，偶爾把家庭和工作的事都忘掉，只專心為自己做些事。我想這樣對孩子們的成長

反而是件好事才對。

特別是對孩子的教育感到有些疑惑或是遇到瓶頸的時候，只要想開一點，試著做個輕鬆媽媽，孩子多半也會因此而跟著放鬆，親子關係也會變得和緩、溫馨。

這種不可思議的現象我們稱之為「輕鬆媽媽」魔法，媽媽可以藉由變身成為一位全方位徹底放鬆的「輕鬆媽媽」，而獲得絕佳成效。

接下來，我要說一些嚴肅的事。有一份關於美日母子關係的研究報告中，有一項我認為值得注意的調查結果：美國的母親會在孩子出生後，把孩子視為另一個有獨立人格的個體，日本的母親則有把自己的孩子當成分身的強烈傾向。

的確，在日本，當嬰孩出生之後，母親總是把照顧孩子與滿足孩子的需求當成最優先。很多母親都認為把自己所有的時間和注意力都花在孩子身上才是最好的育兒方法。因而忽略了自己、忘了照顧自己的需求。

這雖然是母愛的一種表現，但如果因此而養育出過度依賴父母，無法獨立思考、不能自主行動的孩子，那可是真的得不償失了。因此，媽媽偶爾離開一下孩子，讓自己成為一個「輕鬆媽媽」，也讓孩子有自主的機會是有其必要性的。

父母應該跟孩子說明，小孩有小孩應守的本分

日本早期有一位從實業家轉戰政治界，並獲得傑出成就的藤山愛一郎先生。他在中學的時候，因為大多數的同學們都已經捨棄孩童時穿的無袖口和服，改穿與大人相同的有袖口和服而向母親提出想改穿大人式和服的要求。不過，他的母親卻對他說：「中學生穿這樣就可以了！」而不同意他的要求。此外，家族旅行時，如果父母坐的是頭等車廂，那麼孩子們坐的必定是三等車廂。

我並不是主張現在的父母一定要模仿他們的做法，但他們的確清楚地讓孩子知道，大人有大人的世界，所以，孩子應該要遵守孩子應有的本分。藤山的雙親和現今以孩子為中心、萬事以孩子優先的父母完全不同，以前的人非常懂得如何阻止孩子對父母的過度依賴。

我認識一個孩子，他不但是家中的獨子，而且還跟祖父母同住，所以等於是在四個大人的矚目下成長。不過，他的祖母為了不讓這個孩子受到過度的關心，所以積極地參加老人會的活動或是其他的學習活動好讓自己能夠經常外出。而等到孩子長到一定年齡時，她甚至勸孩子的母親一定要到外面去工作。多虧那位祖母這麼做，這個孩子不但沒有一般獨生子女容易出現的任性和驕氣，並且成為了一個凡事獨立自主的青年。

享受個人時光的媽媽不但能讓自己輕鬆，也能讓孩子學會獨立

媽媽們如果能不以孩子為生活的唯一重心，充分擁有自己的時間、享受獨處時間，就能夠讓孩子有機會學習獨立自主。

而我所謂的擁有自己的時間，並不是要求每一位媽媽都必須擁有自己的事業。媽媽可以找出像是讀書、運動或其他嗜好。我覺得媽媽可以自由嘗試任何自己感興趣的事物。懂得享受人生的媽媽是能夠藉由「輕鬆媽媽」魔法，而在不知不覺中培養出孩子的獨立性的。

為了讓孩子能獨立地在社會上獨當一面，各位媽媽除了要試著接受孩子認同的價值觀和生活方式之外，也應該讓孩子看看媽媽愛自己的一面，要以一個人生前輩的身分示範給孩子看。擁有一個專屬的生活圈並能充分享受時間的媽媽，就是一個懂得放鬆，同時能讓孩子學會獨立的魔法師。

【重點】

媽媽應該讓孩子看看自己充分享受人生的模樣。

「任務」魔法

「交給你！」這句話，能讓孩子樂意幫助你

災害預防演習時，也讓孩子分擔一些工作

心理學家們曾針對地震或風災水災時各個家庭的應對方式做過研究。他們發現，其中一個有效的應對方式是家庭裡的每個人事先將應變工作明確分配好，災害發生時就能不驚慌地因應各種狀況。

這項研究報告顯示，如果父母除了將自己該做的工作做明確的規定外，同時也讓孩子分配到該執行的任務的話，在災害發生時，通常會收到很大的成效。

這是一種讓孩子感覺自己的能力受到信任的「任務」魔法，在教養兒女時也非常有用。緊急災害發生的時候，常常可能連大人都手足無措。更別提身旁的小孩了，就算他們

感覺到被委以重任的孩子，將會很有衝勁。

嚇得哭了出來或是緊抱著父母不放也不足為奇。

但是，如果在平時就跟他們討論應變災害時的分工，如：「萬一地震或颱風來的話，要記得把裝有電池和蠟燭的袋子拿出來。」一旦緊急時刻來臨，孩子就會鎮定地提醒自己該做的事，然後認真地去達成自己的任務。

如果孩子能認真地執行自己的任務，他會不可思議地鎮定行事而且行動靈活，成為我們在面臨關鍵時期的重要支柱。

具有如此威力的「任務」魔法是可以在日常生活中加以實踐的。例如，我們可以讓孩子分擔一部分的家事，跟他說：「這就是你的任務。」

如果孩子年紀還很小，我們可以讓他做做拿報紙或是掃地之類的他負擔得起的工作。如果孩子已經上小學了，就可以讓他幫忙打掃浴室、家裡或是折衣服等較複雜的家事。

只要給孩子一個「任務」，並且對他說「這個工作就交給你囉！」孩子將因倍受信賴的責任感，讓孩子發揮出驚人的神奇力量。

用「魔法」讓孩子勇於承擔責任

以前的孩子幫家裡做家事是理所當然的事。在那個沒有電氣製品的時代，煮飯、洗衣、掃地等都得從砍柴、汲水、生火開始做起，所以每一件家事都是費工費時的大工程。因此，身為家中一員，孩子們負擔一部分的家事是理所當然的。

然而，身處現代的我們，因為吸塵器、洗衣機、電鍋、微波爐、洗碗機等，各式各樣的電氣製品的發明，讓做家事變得輕鬆。加上考試競爭激烈，所以現在的父母希望孩子能多花點時間去上補習班或學習才藝，反而不喜歡孩子幫忙做家事。

也有的父母認為，孩子總是做不好家事，讓孩子幫忙反而會造成自己的麻煩，所以寧可自己做還比較輕鬆，因而養成孩子不做家事的習慣。

我要提醒抱持如此想法的父母，小心將來等你改變想法，想要孩子幫忙做家事時，他們會毫不留情地拒絕。

請孩子幫忙做家事的重點是，我們要一開始就清楚地讓孩子知道這是身為家裡一份子該做的工作，並且向他施展魔法說：「這件事就交給你了！」

此外，如果孩子忘記了或是偷懶不做，爸媽千萬不可以幫他們做。這個時候請提醒孩子並交給他自己處理。我們必須要讓孩子知道，這個工作除了他之外，沒有人能替他完成，如果沒有完成，將會給家人帶來很大困擾。

一旦交給孩子負責時，父母就千萬要忍住不插手，就算孩子做得不完美，也請父母在一旁靜靜陪伴就好。因為媽媽出自於信任的「任務」魔法，會讓孩子奮發努力地完成被交付的工作。

【重點】

只要被賦予任務，孩子會因油然而生的責任感而努力。

「放手」魔法

如果想讓孩子及早獨立，父母只要在旁陪伴即可

讓孩子知道，自己的事該自己負責

日本知名的小說插畫家真鍋博先生憶及母親說過最令他印象深刻的一句話是，在他小學開學典禮當天臨出門前，母親嚴肅地對他說的一句話。她說：「從今天起你就是小學生了，要自己負責所有的事。」於是，當天她母親並沒有陪同他參加開學典禮，只讓他一個人去。

真鍋先生說這句話對他的人生影響甚鉅，從那天起他對自己決定的事都戰戰兢兢。無論是要就讀的學校或是工作的選擇、甚至結婚，他都自己果決地決定。他也曾經讓自己的兩個兒子在小學時就結伴去旅行，並堅持這樣獨特的教養方式。

第4章 培養獨立自主孩子的魔法

日本有句俗諺「讓心愛的孩子獨自去旅行。」真鍋先生本身不但自小就要獨立負責，長大成人後還進一步地按照俗諺，放手教養自己的孩子。這是因為媽媽的「自己的事該自己負責。」這句「放手」魔法，即使在孩子已經長大成人，甚至為人父母之後，還能傳承至下一代的緣故。

現在的社會處處充滿危險，許多擔憂孩子安危的父母一刻也不願離開孩子身邊。這樣的情況下，一個不小心很容易就會形成對孩子的過度保護。我對現代隨時在大人的關愛眼光中成長的孩子的未來感到憂心。擔心他們失去了適應社會的能力。因此，我想提醒各位，我們真正應該做的是在非過度保護的情況下，靜靜地守護著孩子成長就好。

我很能體會因為過度擔心而對孩子的任何事都想插手協助的父母的心情，但也正因為我們處於這樣的時代，就更應該放手培養孩子的自我判斷能力和覺察危險的能力。

真鍋先生應該是從小開始，就受到「放手」魔法的啟發。他的母親基於愛子的心情，並且為了讓孩子成為一個獨立自主的人，而時時告誡自己不應該過度干涉孩子。

適度的放手是指靜靜地在一旁守護孩子

面對問題時不依靠父母而自己試圖解決，失敗了再重來的深刻體驗，將能培養出獨立的孩子。

父母要是因為心疼、擔心孩子而出手相助，那將會奪走培養孩子獨立思考、解決問題的寶貴體驗。

如果你不想破壞孩子重要的人生經驗，就應該偶爾改變一下對待孩子的方式。例如：孩子初次迎接團體生活、剛進幼稚園就讀時、或是進小學讀書時等等，都是檢測自己是否對孩子過度保護的大好時機。

你的孩子可以自己設定鬧鐘準時起床嗎？孩子的學校用品需要媽媽幫忙準備嗎？孩子會在睡前備妥隔天要穿衣褲？你需要整理孩子的房間嗎？孩子需要你不斷叮嚀寫作業嗎？……

我相信其中還有那種孩子都已經是國中生了，還要媽媽不斷地耳提面命：「今天你要寫從第幾頁到第幾頁的數學習題、國文要背……」的情形。

父母這樣的過度干涉，只會讓孩子學會獨立的嫩芽被你親手摘掉而已。所以，請各位把孩子自己做得到的事放手交給他自己去做，並且盡可能不要插手，只靜靜地在旁陪伴就行了。

「你自己做得到的。」只要你說出這句咒語，被施予魔法的孩子也會跟著下定決心地說：「好！我來試試看！」

父母放手讓孩子自行判斷，他將能學會獨立和忍耐

日本知名的電影導演木下惠介先生，是排行家中八個兄弟姐妹的老四。開雜貨店的木下家從來不給孩子零用錢，而是允許孩子自由地使用店裡的錢。

這些孩子因為從小看著雙親和店裡員工辛苦工作的模樣長大，所以非常清楚金錢是多麼地得來不易，因此他們絕不會拿錢隨便花用。這也是父母放手交由孩子自行判斷之後，因為孩子感到責任重大而培養出的自制力。這個例子，可說是「放手」魔法典型的成功範例。

一旦媽媽相信自己的孩子放手讓他去做，孩子就會用自己的方式拚命去思考、去行動。所以，零用錢的使用方式應該交給孩子自己決定，父母最好不要干涉。「你自己可以做到！」是媽媽給予孩子自信的一句話。只要對孩子施以「放手」魔法，不但可以培養孩子的獨立思考的能力，並且還能讓孩子學會堅忍的忍耐力。

【重點】

不要親手摘掉孩子獨立的嫩芽，嚴禁父母過度干涉。

「適當」魔法

適當運用稱讚和責罰，重點是適當二字

「過度讚美」有其弊害

最近「讓孩子在讚美下成長」這句話已蔚為一股風潮。近來的育兒或教育相關書籍，大多都在鼓吹用讚美代替責罵的教育效果。

事實上，很多心理學者的研究報告都證實，讚美的確能培育出一個有自信、有能力，且行動積極的孩子。

只是現在的父母似乎太過重視讚美的效果，而開始出現過度讚美、浮誇的現象。正如「恰如其分」這句話一樣，對於孩子的教養，我們也應該要懂得使用「適當」魔法。

有位心理學家曾經針對「過度讚美」的弊害提出警告，他說：「幼兒受到過度的讚美

發展最好的孩子是在適度的讚美和責罵中長大的孩子。

時，會擔心自己不符合這個讚美的部份有一天會顯露出來，反倒感到不安。」也就是說「過度讚美」會給孩子帶來壓力。

過度讚美或是浮誇的害處除了這位學者提出的這一點之外，還有其他幾個令人詬病的地方。其中一個就是過度讚美對孩子所造成的過份寵愛，容易妨礙孩子自主性的行為。使得孩子會為了得到父母的讚美而看父母臉色行事。

此外，孩子為了能得到父母的讚美而在他們面前裝成父母要的樣子，卻在背地裡背道而馳，形成這種表裡不一的性格也是浮誇的壞處之一。

這裡所提的「適當」魔法，將能有效地除去這樣的弊害。過度的讚許不但不能在教育上產生任何作用，還會替孩子的心靈發展上帶來負面的效果。所以我們要經常使用「適當」魔法來檢測自己，看看是否有過度讚美或者是過於溺愛的情形發生。

讚美是好事，但過猶如不及。我們應該適度就好。

希臘哲學家亞里斯多德因為認為人類的行為和情感應該調整到不超過也沒有不足的狀態，即所謂的中庸之道。例如，勇氣的表現介於血氣之勇和怯懦之間時，就是真正的中庸。

人類的內心和行動，若能保持在介於兩個極端的中間地帶時，就是最好的狀態。所以請你用「適當」魔法，讓讚美達到最理想的效果。

罵得過頭也不好，責罵時應該不帶情緒

「過度稱讚」固然不好，「過度責罵」當然也不是件好事。責罵的時候，使用「適當」魔法也是相當重要的。過於嚴厲的斥責會讓孩子退縮，並且失去大步向前邁進的勇氣和意願。最後，只會阻礙孩子的獨立人格發展而已。

此外，被父母怒斥阻止之後，欲望得不到滿足的孩子有可能會因此心生反抗或懷抱憤怒的情緒。

任何事情「過度」不如「適當」要來得好，這樣一來反而能產生不可思議的力量。

既然過度的讚美不好，那為什麼有不少人都在強調讚美的好處，而把責罵的管教方式看得如此不堪呢？

其實，原因就在於大多數的父母都把「嚴正的訓斥」和「情緒性的辱罵、動怒」給搞混了。帶有某種目的的責罵提醒和包含情緒的動怒是有著天壤之別的。本來只是想用嚴正的說理來點醒孩子的父母，卻在怒火中無法控制自己的情緒而過度斥責，以教育的角度來說，這樣的作法是百害而無一利的。

更糟糕的是，現今還有很多父母會同時把孩子曾做的每一件事都拿出來數落，並嚴厲地教訓他們，並誤以為這就是對孩子最好的管教。我覺得這些父母認為管教孩子必須嚴厲，否則沒有效果，卻忘了自己在不知不覺中做了最壞的示範。

其實過度稱讚和過度斥責都不好，重點是要取得平衡。以中庸的精神施展「適當」魔法，並懂得讓讚美和訓斥都收到最好的效果，這樣將能讓孩子的心靈健全地成長。

【重點】

過度稱讚和過度斥責都不好。找出平衡點才是最好的選擇。

「坦然接受」魔法

尊重孩子選擇的生活方式，會讓他感到安心且擁有自信

接納拒絕上學孩子的父母

日本著名的非文學類作家久田惠女士和她的獨生子稻泉連，因為母子倆同時獲得大宅壯一非文學類創作賞而受到矚目。稻泉連在高一時，因為拒絕上學，而被學校退學，在家自學了將近兩年半的時間。據久田惠女士說，當她聽到兒子說：「我不想念高中了。」時，心中沒有太多驚訝，因為兒子從小就有適應學校的困難。因此她非常坦然地答應兒子的要求。此時她使用的魔法就是「坦然接受」魔法。

對於不想接受外界過多的資訊和刺激，一心只想追求平靜的孩子來說，不去上學的這段期間正好是沉潛並等候蓄勢待發的大好時機。久田惠女士對於兒子不去上學的決定，就

是抱持著這般正面肯定的態度。我也同意久田惠女士這麼做。因為如果將諸如拒絕上學等與社會期望不同的各種行為視為負面行為是無法站在幫助孩子的立場陪他走出難關的。

一般的父母一旦遇到孩子拒絕上學，就會開始擔心孩子會不會因為老是關在家裡而導致將來無法獨立、人際關係出現問題，一連串的擔心使得父母容易陷入恐慌中。其中更有父母為了逼迫孩子上學，而用盡各種手段責罵孩子或是哀求孩子。但是，這麼做的結果只會讓孩子在學校和在家裡都找不到喘息的角落而已。所以，為了讓家成為孩子的後盾，父母還是要改變一下想法，讓自己坦然面對事實，接納真實的孩子才行。

父母應該尊重孩子的生活方式

近來已有多起令社會大眾震驚的國高中生暴力事件與犯罪事件發生。然而類似問題的原因總是牽涉多種層面，無法一語道盡，但不可否認的，任何沒能給孩子一個安心居所的父母是必需要負起最大的責任的。我們總以為孩子不懂事，其實即使孩子沒說出口，也能敏感地察知父母的想法。一般來說，獲得父母認同的孩子比備受壓抑成長的孩子，更能獲得良好發展。因為受媽媽信任的安心感，將帶給孩子無比的勇氣和自信。

當孩子不願意去上學時，父母理應盡其所能讓他再度走回學校。不過，若使用強迫或責備的方法，只會讓孩子更抗拒而已。

要是父母認為不去上學是最糟的，孩子就會自責並認為自己是壞孩子，或因沒有獲得肯定而開始否定自我，最後完全放棄自己。

萬一孩子不願意重返校園，我想父母所能做的是改變自己的想法，坦然接受孩子不願意上學的事實，並尊重孩子的選擇。

在日本，三十幾年來，有一個一直支持著將近六千個拒絕上學或是中輟生的機構，名為「師友塾」。創始人大越俊夫先生在《獨立自主的孩子・努力的孩子》（日本海龍社出版）一書中說到，這些有問題的孩子不是不能去上學，而是做了不去上學的選擇。

父母坦然接受孩子的選擇，不就是給予孩子支持與勇氣嗎？更何況如果媽媽真心地跟孩子說：「我支持你！」，這絕對能成為幫助孩子跨越困難的神奇力量。

大越先生和久田女士不約而同地將對於孩子未來的擔心，轉為確信這是孩子成長的必要選擇。這麼做的結果，使得親子雙方的心情著實輕鬆不少。因此，面對問題時，只有父母本身先冷靜下來，才能把事情想清楚，家庭才得以保持安穩的氣氛。

久田女士以她的經驗，建議父母們，當你的孩子在十五歲時選擇離開學校，面對孩子時可以將他所做的選擇，對未來可能的獲得以及損失加以具體分析並給予建議。此時，將可能獲得的優勢擴大、將不好的部份小心說出，是跟孩子談論時所需要的智慧。

不因為失去而悲傷，反而應該為現在所擁有的部份感到快樂，這是跨越人生困境的關鍵。

當父母的總是很容易只看孩子的缺點。卻忽略了只要著眼於孩子的優點，並聚焦於優點、接納與認同他的能力，就能輕鬆地引導出孩子隱而不見的長處。

只要了解孩子、不強迫孩子去上學才是讓他健康成長的重點。以正面的態度支持孩子的選擇，就能讓孩子充滿安心感和動力，繼續朝人生邁進。

【重點】

父母只要以正面思考轉換自己的擔心，孩子就能安心地向前邁進。

「原則」魔法

把原則說清楚，可以讓孩子不隨波逐流

父母的原則和孩子的認同都很重要

父母最怕聽到孩子說的話之一就是：「大家都有，只有我沒有，如果你不買給我，我會被大家笑啦！」

我相信任何父母都不樂見孩子被排擠或是欺負，可以又擔心如果答應孩子的要求，就會失去原則。這個時候，我有一個既能讓父母堅定地貫徹自己的信念與原則，又能讓孩子奇蹟似地認同你的作法的魔法。那就是「原則」魔法，我們可以跟孩子說：「別人是別人，我們是我們，每個人本來就不一樣！」

「也許別人是這樣沒錯，不過我們有我們的規矩。只要是我們家的人就要遵守這個規

大家都有啊！買給我啦!!
VS
別人是別人，我們是我們！

讓孩子知道我們的原則也是一項重要的學習。

定。別人也不見得會跟你一樣。」我們必須對孩子堅決地表示才行。

就現實面來說，我們當然不可能寵溺孩子，滿足孩子的所有需求。但如果只是一味地強勢拒絕孩子，恐怕只會加深親子之間的鴻溝而已。所以，「原則」魔法將可以讓父母在維持原則的同時，也獲得孩子的認同。

孩子多半會因為希望獲得同儕的認同，而跟父母提出各式各樣的要求。如果父母總是順著孩子的意願答應他的要求，恐怕會讓孩子誤以為父母是有求必應，將我們所做的一切都視為理所當然而不知感恩回報。

這樣一來，將來孩子有可能無法脫離父母獨立，恐怕也無法擁有自主性，

更別說能獨立思考了。為了防止這樣的情形發生，請各位盡早把原則跟孩子說清楚較好。

「別人是別人，我們是我們」是讓孩子獨立的大原則

以前，當電視遊樂器在小孩之間造成一股流行風潮的時候，我的一個朋友的孩子每天不斷地向他吵著要買跟同學一樣的電視遊樂器。不管是以前，或是現在的孩子，共通的特質就是只要同儕朋友有的，他自然也會跟著想要，不想因此被排擠。當我的朋友面對堅持要買電視遊樂器的孩子時，也曾心軟想要滿足孩子的需求，但經過再三考量其中的利弊之後，他們決定不買給孩子，並跟孩子說明不買的原因與堅持的原則。

據說，在那一段孩子吵著要買電視遊樂器的期間，親子之間每天總不斷上演拉鋸戰，我的朋友差一點就要放棄堅持，幸好後來因為他堅持「我們家是我們家，跟別人不一樣」的原則，不斷地跟孩子溝通，最後終於獲得孩子的認同。

事實上，父母只要能徹底貫徹自己的原則，堅持不事事滿足孩子的要求，把理由說清楚，這對孩子來說，不也就是最好的教育方式嗎？我想孩子會因此學會忍耐，也能學會堅持原則與人相處。

不只是電玩，這個魔法也可以用在生活上的各種情況，例如：應該購買玩具的時間、

價格或是看電視的時間等等，親子針對不同主題，互相討論後制定「家庭規範」，大家遵守決定的事項，便是活用這個魔法的結果。

一旦原則訂定，當孩子向你耍賴或是以同學朋友做比較的時候，父母那種堅守原則的態度會讓孩子知道胡鬧是行不通的，這樣的做法也能讓孩子懂得守規矩、並幫助孩子培養獨立思考的能力。

【重點】

只要事先訂定「家庭規範」，並堅守原則，孩子會漸漸習慣的。

「佯裝不知」魔法

忽視孩子「裝病」，可以讓他自己反省

裝病的孩子一定在期待些什麼

一旦孩子開始上學後，父母最怕的就是遇到孩子拒絕上學或是閉門不出等的問題，而且通常會一再發生。

就算沒有發生上述的嚴重情況，我相信任何媽媽應該都遇過，孩子一到要上學就喊著肚子痛、頭痛等小狀況，真讓人不知如何是好。

這個時候，我建議媽媽不妨試試看「佯裝不知」魔法。

當我們明知孩子身體狀況很好，而他卻想請假不上學的時候，我們通常會有一個念頭閃過：「該不會是在學校遇到了挫折，或是被人欺負了吧？」而不由自主地擔心起來。

如果這樣的擔心純屬杞人憂天那還好，為了保險起見，最好先問問孩子到底是怎麼回事、打個電話給老師或是好朋友詢問孩子在學校的狀況。

如果實在找不出原因，也看不出孩子有什麼煩惱，周遭的人也都沒有查覺孩子有什麼異狀的時候，那就有可能只是「裝病」而已。

這個時候，就算媽媽生氣地斥責孩子「怎麼可以裝病騙人」然後強迫他去上學，我想也解決不了根本的問題。因為通常孩子會裝病，主要是想向媽媽撒嬌，或是期望媽媽多關心他才想請假不上學的。

這個時候可以使用「佯裝不知」魔法，假裝我們猜不透孩子的心意，故意順著孩子的心意，答應他向學校請假是一種處理方式。媽媽隱藏自己猜透孩子心意的想法，寬容地讓他放假一天，這是只有媽媽才能夠施展的魔法。媽媽的寬容和體諒，常常就能夠讓孩子適時得到滿足。

讓期待落空的「佯裝不知」效用

肚子痛或是頭痛等症狀，通常是孩子心理狀態的反射症狀。當然他們也可能是真的痛。不過，要是對於孩子的疼痛有過度的反應，比如說，慌慌張張地帶孩子衝出家門去看醫生，然後給予孩子無微不至的照顧，那麼雖然孩子得到關心，卻有可能會誤認為自己的病痛可以操控父母，而學會只要一不順心就用病痛來達到自己的欲望，那麼不想上學的情形有可能會一再發生，這時可就更令人頭痛了。

通常，裝病的孩子是希望能獲得父母多一點的關心，有時甚至是懷抱著獨佔媽媽的關愛才裝病的。因此，有時不迎合孩子的期待，讓他清楚明白媽媽不會按照他的期待去做，是防止同樣的事情重演的重要關鍵。

就算你想讓孩子偶爾撒嬌，允許孩子請假，你也要用「佯裝不知」魔法，不要過度反應，讓他們知道「就算裝病不上學，也不會有額外的好處。」這才是防止孩子裝病的最好方法。

對孩子來說，裝病其實是非常痛苦的

如果你的孩子已經是小學高年級的學生的話，媽媽也可以清楚地跟孩子解釋：「媽媽今天有必須出門辦理的事情，沒有辦法在家照顧你，你要好好休息。」然後出門去辦事，這其實也是一種方法。

如果孩子是小學中低年級的學生，不能用上述方法，媽媽只要記得不要過度反應孩子的不舒服，仍舊維持一貫的生活步調，用平常心來面對孩子即可。

之所以建議你這樣做，是希望孩子可以靜下心來思考在家與上學的不同之處，通常孩子一定會覺得在家並沒有比較好，還不如到學校去，和朋友一起玩。

只是當他想通時，也沒有辦法說出實話去上學，只好繼續裝病在家。對孩子來說，明明就沒有生病，卻非得在家靜靜地待著，我相信其實是一件非常痛苦的事。原本滿懷期待的「裝病大作戰」，卻沒有想像中來得有趣，於是孩子就明白「裝病在家其實一點都不好玩。」

我想，隔天早上孩子一定會精神奕奕地去上學。或許再也不會出現裝病不想上學的情形

【重點】

「佯裝不知」的媽媽，將會讓孩子體會到裝病是件無趣的事。

「你還好吧！」魔法

只要改變關懷的方式，就能培養孩子的忍耐力

養育孩子不是有愛心就好，技巧也是非常重要的

當孩子跌倒哭泣時，孩子是不是因為你溫柔的對待而停止哭泣呢？那麼，除了體貼孩子的疼痛給予溫柔對待之外，媽媽還可以怎麼做呢？是馬上跑到孩子身邊，一邊問「有沒有怎麼樣？」一邊扶他起來比較好？還是在一旁看著孩子，等他自己站起來呢？……

又如果孩子是因為不聽我們的提醒，堅持跑來跑去才跌倒的，那我們是不是還應該好好罵他一頓呢？

有位教育實踐家曾說過，「養育孩子需要真心和愛心，以及最重要的是技巧」。我認為這時只要懂得運用一點技巧，我們就能夠因此而讓孩子自然地培養出忍耐的精神。

孩子聽到父母肯定的語言，即使疼痛也能忍住不哭。

通常要教導自我中心期的幼兒學習忍耐是件相當困難且需要耐性的事。對孩子而言，這也許是他人生所遇到的第一個難關。

對於懂得開始表達自我主張的孩子來說，這個時候要他學習忍耐想必是件令人難以接受的事。因為他們好不容易才體驗表達出自我意識的快感，有時卻又要壓抑情緒，也難怪他們會抗拒。

對父母來說，要讓孩子學會忍耐也非常得不容易，我們必須具備相當的耐性及「技巧」才行。就以之前舉的例子來做說明。當孩子跌倒的時候，我想大部分的媽媽都會馬上跑到孩子身邊，一邊扶他起來一邊對他說：「一定很痛喔？要不要緊？」這是人之常情。不過，靜下心來想想，你有沒有放大了孩子的感覺？

你可能沒注意到，這句過度關心的話語，極有可能妨礙孩子學習忍耐。

同樣的，當你看到孩子無精打采地從學校回來時，不少媽媽也會立刻趨前擔心地問道：「怎麼了嗎？是不是在學校發生什麼事了？還是哪裡不舒服？快跟我說！」身為父母的我們擔心孩子是天經地義的，但此時遭遇困難的孩子也許心裡正忍耐著不要向外求援，試圖以自己的方式解決問題。也或許放學途中一直忍耐住想哭的心情，當回到家時，因為媽媽以放大鏡看自己的情緒並說了關心的話語時，就有可能讓孩子才剛學會要忍耐與堅持自己解決事情的決心一下子瓦解，然後如潰堤般地哭了起來。

「你還好吧！」這句話當中所隱藏的秘密

因此，我希望媽媽們在看到孩子有狀況時，能學會這個「你還好吧！」魔法，也就是說，不是放大負面情緒，擔心地問孩子說「很痛喔？」而是用「你還好吧！」詢問孩子，將孩子導向正面的方向，自然能讓他培養出獨立的性格。

「你還好吧！」這句話的背後，其實還隱藏了媽媽守護著自己的安心感，以及「我相信你應該會沒事！」的真實涵意。

當孩子聽到「很痛喔？」這句話的時候，就算實際上沒那麼痛，卻被暗示是不是應該要那麼痛才對。因為自己的感覺與媽媽的反應有落差而使得孩子自己恐慌起來，然後乾脆順勢推舟讓媽媽注意自己，也許對孩子來說也是一種快感。

相反的，「你還好吧！」這句話，將會暗示孩子「其實沒那麼痛」，然後受到照顧的孩子應該也能說：「嗯，我沒事。」才對。這樣一來，孩子就能漸漸懂得忍耐。其實光是懂得忍耐痛楚，就已經是非常不簡單的事了。

比起「很痛吧？」這句充滿情緒的問句，「你還好吧！」這句肯定和予以認同的話語不但隱藏著媽媽的支持力量，還能讓孩子在不知不覺中獲得信心，並且懂得直接面對問題，進而學會忍耐。

【重點】

用正面的關懷才能讓孩子學會忍耐。

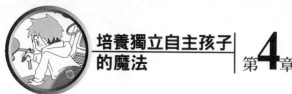

「具體目標」魔法

具體說出數量詞，將使孩子清楚掌握目標

不要催促孩子

某位心理治療師認為有三句話是父母絕對不能對孩子說的。那就是「不行」、「快點」和「加油」。我想在日常生活中經常說這三句話的父母，應該不在少數才是。「不行」、「快點」、「加油」，其實瀰漫著一股控制孩子行動的強勢氣氛。

如果你有把這三句話當成口頭禪的情形，從現在起請嚴加留意。請你試著回想一下，孩子是不是每天都心不甘情不願地說「好啦！」、「知道啦！」、「我去做啦！」然後慢吞吞地去做我們交待的事？

我要在這裡跟各位介紹一個不需要催促孩子，就能使孩子自動自發的「具體數量」魔

法。「不可以這樣」、「不可以那樣」……的「不行連發彈」會讓孩子陷入不知該如何是好的恐慌當中。

此外，「快點吃早餐」、「動作快一點」或者是「走快一點」等，請想想你是不是從孩子早上起床直到睡覺之前，都把這類語言掛在嘴邊，變成了你的口頭禪呢？

雖然我能了解你之所以這麼說都是為了讓孩子動作快一點。但是，站在孩子的角度來想的話，日復一日被這樣地催促，或許會讓他們無所適從，不知道如何才能達到父母的標準。

另外，如果父母還經常對孩子說「加油」，那可就更糟糕了。

如果父母只是用「試著這樣做做看」地提出具體的方式去引導孩子，那還無所謂。最令人傷腦筋的是那種一味地只用「加油！加油！」持續幫孩子打氣的父母，殊不知這樣的好意只會讓孩子漫無目的地被逼著向前衝，最後可能會得到「加油恐懼症」。

孩子對抽象的概念是模糊的

如果你想讓孩子充滿動力，請嘗試使用「具體數量」魔法。

孩子總是沒有辦法像大人一樣對時間、數量有個準確的概念。我想一般孩子對於一個小時到底是多久應該是毫無頭緒才對。因此，就算媽媽再怎麼耳提面命地要孩子在三十分鐘內把凌亂不堪的房間整理好，對於「三十分鐘」的意義掌握，孩子其實是非常困惑的。

不了解孩子生理發展狀況的父母，遇到孩子不能達到自己期望時，總是焦急地認為孩子不聽話，又一再地給予斥責，因此落入孩子不斷地被誤解的陷阱，最終只逼得不受理解的孩子離我們遠去。

與孩子溝通時，必須舉簡單易懂的例子

首先，父母必須先清楚知道自己的孩子的能力發展狀況。如果我們清楚孩子還無法理解時間概念的話，就應該用一些容易理解且能引起孩子興趣的例子來說明整理玩具的時間。

譬如說，我們可以用孩子們最喜歡的電視節目來具體比喻時間觀念。你可以說：

「玩具要在吃晚飯之前收拾整理好。我們要在六點吃晚飯，所以你還有三十分鐘的時間，也就是〈小叮噹〉演完之前收拾好。六點就是時鐘的長針跑到最上面，而短針在最底下的時候。」像這樣運用時鐘來說明，也是一個很好的方法。

給孩子一個具體、容易理解的目標，會讓他們清楚瞭解收拾玩具的時間長短並願意配合收拾玩具。而且，如果孩子能在約定的時間內把玩具整理好，他就能趁機了解三十分鐘

的概念，這也是時間概念的學習。

這樣一來，孩子就會因為有個可以接受的明確目標，而更有意願行動。像這樣限定時間促使孩子行動的方法，我們稱之為「具體效果」。給孩子的明確目標可以是「三十分鐘內」、「五題數學題」、「一天三次」……等可以輕鬆解讀的目標。

我認為與其要孩子達到一個抽象的目標，不如給他一個具體的目標，讓他知道現在該做些什麼。如此一來，孩子也許可以分辨出事情的輕重緩急，而開始動手解決事情。

「具體目標」魔法可以幫助媽媽不需要再嘮叨使用「不行」、「快點」、「加油」等抽象無用的語言，改用具體的時間與量詞來讓孩子學會如何解決問題。

【重點】

別老是催促孩子「快點」，只要具體向描述孩子時間期限，他們就能做到。

「客人」魔法

接觸大人的世界，讓孩子行止得宜的魔法

大人就是孩子的範本

我們常可以聽到，大人經常教導孩子說：「大人說話的時候，小孩子不可以插嘴。」也有不少從小就被如此教導的父母，長大後也沿用這樣的方法來教育自己的孩子。

的確，孩子畢竟還是孩子，他的智慧或許不足以提供大人意見。不過，孩子總有一天也要長大成人，成為大人的世界裡的一份子，所以，我認為讓他們看看大人的世界、習慣成人的互動模式也是很重要的。

如果你也同意我的說法，可以試試「客人」魔法。而這也是一個可以讓他們快速地成長的方法。

參與大人的聚會也是一種社會學習。禮儀的學習永遠不嫌早。

事實上，這個魔法在外國是非常普遍的。像是外國人士在舉辦家庭聚會的時候，通常小孩是融入在主人和客人當中的。

小小主人會為了讓客人滿意而盡力做好當主人的本分，而小小客人也會盡力不做出失禮的舉動，這些都是他們從小被允許參加大人的聚會而耳濡目染習得的。

這樣的經驗當然有助於提升孩子參加各種團體活動的意願，同時這也是學會社交基本禮儀的練習場。

以前曾有位美國教授邀請我去他家做客，當時教授允許他那年僅十歲的兒子代替因病不克出席的教授夫人與我們同席。這個小小主人整晚以詼諧的口吻和機伶的對話，讓席間的氣氛相當熱絡，不但做了個非常稱職的主人，而且也讓我們大開眼界。

我想這個孩子之所以可以在眾多大人間游刃有餘，多半源自於經常有機會參加大人的聚會才自然而然學會的。

另外，我也曾在英國的街道上，發現經常可見一臉稚幼的少年非常紳士地替女士們開門。這大概是向來標榜紳士精神的英國的人民世代努力維持好榜樣，而將紳士精神根植到每一個人的心中之故吧。

我相信，在任何環境下，任何孩子即使沒有受過特別的訓練，也能從平時大人的行為舉止中耳濡目染，進而做出相同的舉動。

培養孩子的社交能力

當然孩子跟大人之間總是要有所區別，如果就學習社會規範的觀點來看，最好別刻意將孩子從大人的世界隔離，早一點提供機會讓孩子接觸大人的生活型態，我認為是比較好的。

最近這幾年，在日本就算年齡已屆成年並參加過成年禮，卻仍然無法獨當一面，老是

像個孩子一樣地無法負責或是不願意離開父母獨立生活的年輕人非常多。

如果孩子有機會早點接觸大人的世界，學習社會的規範，我想那種只有身體長大，心智層面仍未成熟的年輕人應該就會大大減少才是。

當客人到家裡拜訪的時候，就是向孩子施展魔法的絕佳機會。讓孩子跟大人們共處一段時間，請他招呼客人或是自我介紹，並且試著讓他與客人對話，這些都是可以讓孩子學習許多不同事物的好機會。

特別是語言不是死板的溝通工具，總是有因應各種場合該使用的說話方法。如果沒有累積相當的與人互動的經驗，我想要靈活運用是非常困難的事。因此，我想藉由實際經常地與人對話，才是讓孩子不斷練習的最好方法。

孩子難免會對於大人間的對話感到乏味和無趣。但這就是學習社會應對與規範的入口，能否讓孩子順利接軌，就得看父母能不能有效利用「客人」魔法了。

【重點】

讓孩子與客人共處，將有助於孩子學習社會的禮儀規範。

「擔心」魔法

父母真實表達自己的擔心，讓孩子從「他律」變成「自律」

不可以讓孩子習慣被責罵

你是不是因為無論怎麼責罵，孩子就是不改其態度而感到洩氣呢？我認為改變對方的方法之一，就是先從改變自己開始。經常被罵個不停的孩子容易因為習慣了責罵，而對於大人的責罵不再有感覺。雖然我們常以為溫和或是點到為止的訓斥，總是難以達到效果。不過，事實上，有時候嚴厲的斥責不但無法改變孩子的態度，甚至還有可能造成反效果，你不能不小心。

如果你發現你的孩子已經罵不動了，請試試看「擔心」魔法。有位媽媽因為孩子經常晚回家，不論如何責罵就是不見孩子改進。有一天，這個孩子仍然到很晚還是沒有回家，

於是一開始生氣不已的媽媽從氣憤轉而擔心起孩子是不是發生了意外。當孩子好不容易回到家時，這位媽媽終於忍不住地噙著眼淚說：「你這麼晚才回來，我好擔心你是否遇到危險而發生意外了。」這就是媽媽誠實面對自己的擔心並說出生氣原因的「擔心」魔法。

她的孩子看到媽媽的反應竟然和他所預期的完全不同後，他的反應也跟以前截然不同。他溫柔地跟哭泣中的媽媽解釋說：「朋友的腳踏車鑰匙不見了，我陪他一起找了好久才找到，所以才會回來晚了。讓你擔心，真對不起！」神奇的是，從那天起這個孩子就再也沒有晚回家，就算臨時有事要遲回家，他也會事先打電話通知媽媽。孩子因為了解媽媽真實的想法，而懂得反省自己的行為並改正。這就是將他人訂定的規範內化成自律的行為。

上述的例子，雖然媽媽不是刻意使用「擔心」魔法卻也產生了效果。由此可知，媽媽在面對孩子有問題時，採用表達真實情緒的態度，可能讓孩子自己產生改變。

誠實與孩子說出自己的心情

試想：平時總是對孩子大呼小叫的媽媽，有一天突然反常地以輕柔的語氣與孩子說話，你認為孩子會怎麼想？

我想任何人都會為了這樣的轉變而高興。孩子如果覺察到自己的行為能讓父母感到高興的話，我想孩子自己也會很開心才對。於是，嘗到甜蜜果實的孩子一定會再次以類似的行為來爭取父母的溫柔對待的。只要孩子不斷受到鼓勵，這樣的一個善的循環就會持續下去。

此外，就像剛剛所舉的例子一樣，比起訓斥，有時父母將真正的心情表達出來，反而更能讓孩子對自己的行為有深刻的反省。

總之，放掉平時不良的溝通模式，改以正面的對待方式將能讓孩子更了解你的感覺與想法。我覺得「因為怕被罵」而採取的是被迫與躲避的行為跟「因為不想讓家人擔心」、「因為想讓家人開心」而採取的自主負責的行為之間是天壤地別的。

如果孩子年紀尚小那還好，不過，隨著年齡的增長，你將越來越難以用強迫的方式控制他的行為。而孩子所生存的世界也會日漸超越你的想像。親子之間的距離只會越來越遠。

如果不試著改變你與孩子的互動模式，你將會被孩子淘汰在他的世界之外。所以，只要有心好好運用這個魔法，引導出孩子的同理心，就能養成自律的孩子。

【重點】

讓孩子懂得去體會對方的心情，促使他能夠自律。

第5章

促進親子溝通的魔法

「疑問句」魔法

不需命令也不需動怒，就能讓孩子聽話的簡單魔法

向美智子皇后學習教養方法

除了日常的問候之外，你都跟孩子說些什麼話呢？

是不是每天早上說：「快點起床！」、吃飯的時候說：「把飯菜給我通通吃完！」、出門上學時說：「快遲到了！」、晚餐過後說：「上床睡覺去！」……？有一位媽媽對我說：「即使我每天都在催促孩子，但他就是不會自動自發，真傷腦筋！」

在這裡，我要告訴你一個只要改變說話方式，就能讓孩子自動自發的魔法。

先說個有名的故事，是日本皇太子小時候的故事。

當時有一位攝影師為了要拍下浩宮皇太子彈鋼琴的模樣而吃盡苦頭。因為攝影師總是

用詢問的方式讓孩子自己找答案，可以讓孩子願意自動自發去做。

找不到好的拍攝角度。他又擔心若要求皇太子擺個指定姿勢會不自然，而煩惱不已。

於是，皇后見狀輕聲對浩宮皇太子說：「小德，低音的音階在哪裡啊？」（註：德仁為皇太子的名字，皇后暱稱他為小德）聽到這句話的皇太子，於是開始彈奏低音部分。此時皇太子正好轉到了理想的角度，於是攝影師便順利地拍下了漂亮的照片。

我想，那時要是皇后用命令的方式指揮皇太子，我想緊張的浩宮皇太子恐怕無法擺出自然的姿勢。而皇后刻意用問句的方式，輕鬆地將孩子自然地導向最佳的角度也是一個妙招。

因此，我覺得為了促使孩子有自發

性的行為，「疑問句」魔法是非常有效的。

對早上起不來的孩子詢問解決對策

「已經七點半了！快給我起床！」通常媽媽對於早上起不來的孩子，總是只能不斷地這樣催促。

事實上，我們可以試著問孩子說：「你覺得早上要幾點起床才可以不再匆匆忙忙？」這時候孩子會說出自己認為理想的起床時間。於是，我們可以針對孩子的回答，再進一步地詢問具體的方法：「那要怎麼做才可以在準時起床呢？」

這個時候，孩子或許會想出個辦法，諸如「先調好鬧鐘，鬧鐘響了就起床！」之類的。等孩子決定好起床的時間和方法之後，我們只要對孩子說「那就從明天開始做吧。」只要給孩子鼓勵與支持，讓他自己去實踐決定的事就行了。

萬一隔天孩子還是賴床，我們可以再接再厲地問他：「調好鬧鐘還是起不來，那接下來該怎麼辦呢？」「如果按掉鬧鐘之後我還是沒起來，那就請媽媽叫我，我一定會起床。」要是孩子這麼回答，就照他所要求的做就好。因為決定行動的，畢竟還是孩子本身。

同樣是要求孩子早起，媽媽可以放下凡事一把抓的擔心，只要用點技巧，讓孩子自己

決定並實踐即可。

我相信，交給孩子自己解決問題，令人驚訝地孩子會變得自動自發，甚至養成遇到問題「自己思考、行動」的習慣。這正是「疑問句」魔法的神奇所在。

命令，只是一種單向的溝通方式。所以對於命令，一般我們只能採取「是！」的遵從，和「不要！」的反抗，兩種態度而已。

被命令的孩子通常都會對於命令有種反射性的反應，那就是「因為這是命令，所以我才要做」。因此，不管你說多少次，他都不可能自動自發去做。因為那不是他經過思考、內化之後才採取的行動所致。

教養孩子應該要採取雙向的溝通方式以及讓孩子做決定的方法，我認為這樣才能達成教育的目的。因為我相信孩子對於自己決定的事是會拚命努力去完成的。而身為父母的我們，則扮演幫助孩子做決定的配角。

當你為了自己嘮叨而生氣之前，請先靜下心來想想，是否一直習慣使用「命令句」跟孩子說話？只要改成「疑問句」，我想在不知不覺間，孩子會願意自動自發的。

【重點】

「你覺得怎麼做才好？」這樣的疑問將能誘導孩子自發性的行為。

「具體」魔法

指責的方式不對，也會造成孩子的不懂事

如果你有「孩子老是不懂事」的感覺，請試著改變說話方式

常常可以聽到媽媽們說：「我家的孩子總是不懂事。」細問之下，原來是指孩子「不聽話」「不管說幾次，毛病都改不過來。」這個時候，可以使用「具體」魔法。只要媽媽稍微改變說話方式就能讓孩子有驚人的轉變。

「認真一點，好好做！」「你是哥哥耶！拜託你像樣一點好嗎？」你曾經對孩子說過這樣的話嗎？「好好做」「像樣一點」等等，其實這些都是非常抽象的語言。孩子真的能理解這些話的真正意思嗎？

老實說，要憑抽象的語言，依照所處的狀況和周圍的反應，自行判斷應該採取的行

動。這對大人來說都不是件容易的事，更何況是孩子。

抽象的語言會讓孩子對父母的要求摸不著頭緒，在不了解的情況下，只好重複相同的錯誤。我想這也不是孩子樂見的。如果我們能在狀況發生時，以具體的說明解釋給他們聽的話，就可以簡單地讓他們了解我們的想法。

比如說，對一個老是忘東忘西的孩子說：「你都已經是小學生了，拜託你像樣一點好嗎！」根本一點效果也沒有。父母應該具體地說：「忘記帶東西上學很糟糕對不對？從學校回來之後，第一件事是要馬上準備隔天要用的東西。這樣才不會又忘記帶東西。」

這麼說孩子就能了解如何改進自己的不足之處。有了具體的目標後，孩子應該會努力地做到以減少困擾才是。如果即使這樣，孩子還是忘了帶東西，請記得再一次提醒他方法。這麼一來，孩子就會慢慢地改進缺點，有好的經驗，他就會自動自發。

請記得，當你無論怎麼開導，孩子的行為始終沒有改變的時候，有可能是因為不了解我們的要求。因此，請各位在認定孩子不懂事之前，請先審視自己的用語是否恰當。記得使用「具體」的魔法，孩子會明白的。

斥責和讚美時，也請具體地說清楚

在讚美孩子、責罵孩子的時候，應該具體地指出事件，否則孩子會無法理解自己的好行為與不好的行為。當你沒有以具體事件斥責孩子時，他們會對於爸媽的生氣感到困惑，漸漸變成一個只會看父母的臉色而不會判斷是非的孩子。

當孩子在捷運上吵鬧不休時，我們要做的不是嚴厲斥責孩子「下次就不帶你出門了！」而是要具體地跟他說「這樣大聲吵鬧會吵到別人，安靜一點好不好？」讓孩子知道確實錯在哪裡。當然，像是「你看！那個叔叔在生氣！」「司機先生會趕你下車！」之類的拿別人生氣的行為恐嚇孩子的說法，也是毫無道理，萬萬不可行。

「具體」魔法也很適合用來稱讚孩子。當孩子的行為值得稱讚時，與其讚美說「你好棒！」不如具體地說「你把弟弟照顧得這麼好，真棒！媽媽好高興。」具體地向孩子傳達媽媽的喜悅。孩子藉由具體事實的陳述，感受到媽媽話語中所蘊含的真正意義，於是心中便會湧出下次也要做相同事情的欲望。使用「具體」魔法能讓孩子發覺到自己是有能力的，因而獲得自信。孩子一旦有了自信，所有的行為便會往好的方向而去。只要媽媽有心施展一些說話技巧，就能讓孩子有很大的轉變。

具體地描述事情，也能讓學習變得簡單

「石井式漢字教育指導法」的創始人石井勳先生曾說過，越是能夠在腦海中浮現出那個漢字代表意義的具體影像，孩子就越容易記憶該漢字。

例如，耳朵的「耳」就跟實際上的耳朵形狀非常類似，而「鳥」這個字，也容易讓人聯想到有鳥喙、羽毛和兩隻鳥爪的鳥類具體形象。漢字雖有難易之分，不過像這類能夠讓人具體聯想的漢字既容易理解也容易記憶，當然學起來更快。

孩子原本對於具體的事物可以容易了解、輕易地記憶，還可以遵照具體的說明完成一件事。如果只是因為父母的說話方式不理想而造成孩子的混亂，而被貼上「不懂事」的標籤，那麼我想也許真有那麼一天，孩子會真的變得不懂事。

希望你能運用語言的魔法引導出孩子的極大能力並將他們帶往好的方向發展。

【重點】

具體的責罵或讚美，將能讓孩子變得貼心懂事。

「反骨」魔法

讓孩子玩個過癮 反而能讓他專心讀書

禁止孩子看漫畫和參加社團活動就能讓他們專心唸書？

曾有一個熱中於社團活動的國中生因為月考的成績下滑，而被爸媽要求不可以再參加社團活動。他的父母基於「每天花時間參加社團活動不但容易疲累，同時也無法專心於課業。」的理由禁止這個孩子。結果，他雖然有更多的時間在用功讀書上，但接下來的月考成績卻仍舊沒有進步。

他的班導師對於這樣的情形的看法是通常遵從父母的意願放棄社團活動而專心讀書的孩子，大部份後來的成績都不會有太大的進步，多只能保持不退步，不但如此還會因此而對所有事物都失去了熱情。

與其禁止孩子玩，不如讓他玩個夠，這樣他比較能專心唸書。

此外，有一些被父母嚴禁看漫畫的孩子當中，有的會因為遵守爸媽的規定不看漫畫而壓抑自己，最後反而無法專心讀書。除了乖乖遵守規定的孩子，也有不少是隱瞞父母，假裝讀書卻偷偷看漫畫的孩子。

如果孩子的成績不佳，在經過父母的提醒後，自己確認無法兼顧社團和課業或是認為看漫畫就無法專心課業而自願放棄的話，通常孩子會有好的發展。

但是，如果是被強力禁止，心有不滿的孩子反而將對原本喜歡事物更加感到渴望，而想盡辦法要獲得滿足。

所以，如果父母想讓孩子專心唸書，並不是一味地把課業以外的事物禁止就好，我想，跟著孩子想辦法解決，然後讓他願意自發性地讀書才是最重要的。

這個時候我們可以使用的方法，就是有些激進的「反骨」魔法。

利用越被禁止越想去做的「反骨天性」

在英美的教育現場有一個廣為流傳的教育方法叫做「Open System」。那是一種遊戲和學習全都由孩子自主性地去做規劃的教育方法。

由於在這樣的方法之下，玩樂或是讀書的選擇全部交由孩子自己做決定，當然總會有一些將讀書先擺到一邊，全心玩樂的孩子。

有趣的是，當那些玩到盡興的孩子一旦決定開始唸書，反而能發揮出驚人的集中力。比起那些被禁止玩耍，只能專心唸書的孩子們，這些孩子的學業成績反而顯得更為出色。

而這樣的現象，也可以從心理學的角度來說明。

人一旦被禁止從事某事，反而會一直對被禁止的事物感到好奇、更想進一步接觸該事物，因此不再對其他事物感興趣，這就是人與生俱來的「反骨本性」。

由上述說明可得知，被禁止玩樂的孩子因此提升了「想玩」的欲望，無法玩個高興的孩子也無法專心用功讀書，結果受到父母或是師長的責罵，而造成惡性循環。

當孩子的欲望不被滿足時，父母不論如何禁止或是監督都只會造成反效果，加強孩子的欲求不滿與親子衝突而已。

所以，此時解決的最好辦法就是「讓孩子玩到過癮為止」。

不讓「禁止」二字束縛住孩子，讓他們處於一種放牛吃草的狀態，使孩子以自己的判斷決定自己的行動。做自己喜歡的事直到過癮為止的孩子，將能自發、自主地決定自己的行為。我相信沒有比自動自發的孩子更能發揮出活力的孩子了。

孩子的行為是不能用「禁止」來管教的。施展「反骨」魔法讓他們做自己想做的事做到高興為止。父母只要耐心地等待孩子的自主性行為出現，就結果來說，這樣反而才是達成目標的捷徑。你只要相信這個魔法的效力，專心地在一旁默默守護著孩子，就能讓孩子未知的能力開花結果。

【結論】

與其禁止，不如讓孩子玩個過癮，這樣才能幫助他們發展自主性行為。

「紀錄」魔法

稱讚孩子的成長過程，他將更有自信地成長

成長紀錄是能改變孩子的魔法種子

有個心理學家會在女兒每年的生日當天都跟她合照一張相。而且由於他的女兒是夏天出生，所以兩人總是以泳裝入鏡。這樣的做法已經持續了十數年了。

這樣的「生日紀念照片」如果不追究青春期抗拒的心理層面的發展而單純地從生理層面來看，可以當成親子關係的一個好範例。那就是心理學家可以藉由這些照片紀錄自己的女兒成長過程。每年在同一天，而且是親子一起穿著泳裝所照的相片，不但可以成為甜蜜回憶，也是親子共有的話題。

我聽說在美國有一間幼稚園會讓孩子將自己嬰兒時期的照片貼在牆上，然後老師會對

第5章 促進親子溝通的魔法

孩子說：「看！你長這麼大了！」這樣一來，被稱讚的孩子心裡一定會想「我將來一定要長得更高、更壯。」

在日本，有的小學也會在孩子畢業時，讓孩子們拿著自己小時候的照片和現在做比較，或是把他們成長的過程做成幻燈片或是小書冊送給他們當畢業禮物。另外，若父母能再把孩子的成長過程以說故事的口吻講給孩子聽，這就是能讓孩子成長的魔法種子。

當孩子看到自己小時候的照片，再從父母口中聽到小時候的故事，我相信孩子一定能大大地認同自己，進而拉進彼此關係。

因為父母不拿其他人而以孩子過去的自己比較，會讓孩子認同自己的成長。

留下看得見的成長軌跡

我覺得養育孩子的基本概念應該是不讓孩子跟別人競爭，而是讓孩子跟以前的自己競爭並讓他認同自己的成長過程。當孩子對自己的成長有了自信，也獲得父母的認同，他會更加地有自信並願意努力向上。這就是「紀錄」魔法。

為了跟孩子一起享受成長的喜悅、認同他的成長，請父母們切記要活用照片、錄影設備與跟孩子說說成長故事。當你偶爾和孩子一起看以前的照片，記得讚美他的成長。這麼一來，將使得孩子認同自己，對自己有自信。

日本有一首童謠叫做〈量身高〉。內容前半段是這樣的：「柱子上的記號是前年的五月五日的我的身高……」頗能勾起我的幼時回憶。

以前的房子多是木造的，我小時候每隔一陣子都要把背緊貼在木頭柱子上，然後由爸爸刻下自己的身高，再用鉛筆寫下日期紀錄。隨著我一年一年的成長，柱子上的記號不斷往上增加。記憶中我最喜歡爸爸對我說：「今年你長高了這麼多！」心中的那種喜悅和驕傲還真是令人至今難以忘懷。

這也是一種「紀錄」魔法。藉由這樣的紀錄，不但讓孩子能確認自己的成長，還可以因為家人為自己的成長感到高興而安心，然後充滿自信地成長。

「紀錄」＋「溫馨的話語」能讓魔法的效果充分發揮

找個機會讓孩子看看他的成長紀錄。這就像是有位魔術師拿出一個暗藏機關的道具一樣。我建議所有媽媽都應該有孩子的成長紀錄，而且是越多越好。

當孩子青春期來臨，多多少少總會出現一些叛逆行為，此時，我們可以找孩子一起坐下來看看相簿，聊聊兒時的小故事。反而可以跨越青春期的困擾，使得親子溝通更順暢。

青春期的孩子或許表面上會裝得一副無所謂的樣子，但我想當他們看到自己一路成長的軌跡時，心裡一定會再次感受到父母辛苦的照顧。我相信一個在心裡留有被疼愛的記憶的孩子是絕對不會誤入歧途的。

對於失去自信的孩子來說，這麼做也能讓他再次確認自己的成長過程而重新獲得自信與勇氣。

每天為了瑣事對孩子嘮叨不停的媽媽、因為青春期而不知如何與孩子對話的父母，不妨找個時間跟孩子一起翻開相簿，對孩子訴說一些成長的正面故事，再給予讚美。對孩子投以溫馨的鼓勵話語。任何一個美好記憶，也許都是能成為轉變親子關係的魔法。

【重點】

找個時間跟孩子一起看看成長的照片，說說成長的故事，不但讓孩子獲得自信，更將使得親子關係更密切。

「讓步」魔法

藉由對比作用讓孩子得到滿足

讓孩子一起參與家規的訂定

訂定家規時，也是施展魔法的好時機。

這裡說的是「讓步」魔法。只要使用這個魔法，孩子將會出乎意料地順從父母的要求，努力遵守討論得來的規定。

每一個家庭都有希望孩子能遵守的「規定」。諸如回家時間、看電視、玩電玩的時間以及幫忙做家事等等。

你家的孩子，有好好遵守這些規定嗎？原來規定好的看電視時間、玩電玩時間、該做的家事分配，孩子老是找藉口拖延，不願意遵守，最後弄得親子關係緊張。您的孩子是不

溝通後所得到的結果將會讓孩子獲得滿足

是也是這樣呢？

我相信各位父母總在孩子不遵守規定的時候，不是跟孩子抱怨：「怎麼說了這麼多次還講不聽！」就是破口大罵。而此時，孩子是不是心有不甘地說「我同學都可以看玩那麼久，為什麼我們家就不行？」、「可是昨天才倒過垃圾，今天還要倒喔！」……

請靜下心來仔細想想，每天跟孩子爭吵的原因到底是什麼？

請試著回想一下，當我們在制定規定的時候，是不是都是我們父母單方面所決定的？這些規定是不是一開始孩子都不贊成呢？

我覺得訂定家規時是要跟孩子一起商量、討論後才可以決定的，這也是父母的「手段」之一。

因為只要這樣，當孩子不遵守規定的時候，我們可以提醒他「這是我們共同決定的事，而且你也同意，所以一定要遵守。」讓孩子想清楚這是自己決定的事，我想他會乖乖地遵守。

父母千萬最好不要用「照我的話去做」這樣的強硬態度去決定規定，應該要先聽聽孩子的想法，坦率地接受他們的意見，然後再跟孩子說說我們的想法，從中尋找雙方的平衡點。

這樣的溝通技巧就是讓孩子能心悅誠服的關鍵。

讓孩子思考並選擇，可以讓孩子滿足

例如，決定看電視時間長短的時候，或許你的底限是一個小時。但我們在跟孩子談的時候，可以刻意先從三十分鐘開始談，故意給孩子一個比預期中還短的時間。這時我想孩子一定會拚命抗議說三十分鐘不夠等等。

接下來，我們可以做一點讓步，跟孩子說可以接受的最低限度是一個小時。雖然孩子真正希望的時間可能遠超過我們的底限。但我想經由這樣的討論方式，孩子一定會樂於接受你的要求的。

一般人在判斷事情的時候，總會下意識地找其他事物做比較，然後再選擇對自己有利的一方。當我們不得不二擇一時，即使兩者條件不合乎要求，最後也只好選擇勉強可以接受的一方。這就是孩子願意接受我們的底限的原因。

人會下意識地比較事物，並從中選擇較好的一方。換言之，刺激的差異性誘使人類心理上產生「對比作用」，而加以區分辨別。只要好好利用這個對比作用的力量，孩子就能夠乾脆地接受父母的要求。

因為這麼做會讓孩子有「雙方都各讓一步」的想法而可以接受後來的結果，願意自發地遵守規定。對媽媽來說，這也可以省掉嘮叨的次數。只要略施「讓步」魔法便可以使得與孩子溝通變得輕鬆許多。

除此之外，這個魔法還可以讓孩子自動自發，漸漸地把孩子導往自己希望的方向去。

【重點】

如果事情是雙方各退一步所決定的，就能讓孩子願意遵守。

「釋放」魔法

當孩子的忍耐已到極限時，請記得幫他紓解壓力

別忽視孩子的求救訊號

隨著孩子成長，他們忍住不說的事會越來越多。當然有些事他們可以自己處理，但若有些處理不來的事而忍耐過度，那麼將會造成心理問題。父母們應該清楚瞭解孩子的狀況，留意孩子的不尋常之處是非常重要的。

能夠讓孩子適時表達困難的是「釋放」魔法。

有個剛上幼稚園的小女孩每天都開心上學，父母和老師都為她這樣的表現感到安心。沒想到三個月之後，她因為發燒而請假了。她除了有點發燒之外沒有其他症狀，所以媽媽認為孩子可能是小感冒。等到退燒之後上學的第一天早上，媽媽帶著沒有精神的小女孩到

學校上課。當同學們熱情擁上前來想跟她問好的時候，她突然大叫說：「你們不要過來！」然後躲到媽媽的身後去，一邊哭著說不要上學。看到這個景象後，媽媽帶小女孩回家，耐心傾聽孩子之後，才知道原來同班的同學們每天都會打她或欺負她。

媽媽終於知道小女孩之所以生病是因為她累積了忍受被朋友欺負的壓力所導致。後來那個女孩在媽媽與老師的協助下，慢慢地找到問題的癥結點，同儕間的關係也有所改善，因而恢復了以往的開朗活潑。

而那些會欺負人的孩子應該也是因為累積了老是被要求「要聽話、要守規矩」的壓力，才會以錯誤的方式來紓解自己的壓力。

年幼的孩子往往不知道如何面對壓力，也無法用言語來表達心裡的不適。所以經常會把壓力釋放到別人身上或是有異常的行為表現。而能夠在第一時間察覺孩子發出的求救訊號，並給予協助的人也非父母莫屬。

孩子有狀況時，媽媽應該回想近來的生活情形

如果孩子突然變得不聽話或是大哭大鬧，請您不要將焦點放在有問題的行為上，而是要思考是不是孩子遇到了困難。

當孩子有異常行為時，請回想最近的生活情形，看看是不是孩子所處的環境讓他感到不適應，或是其他讓他覺得有重大壓力的狀況。

除此之外，有時候父母的態度也會給孩子壓力。像是因為太忙而沒時間與孩子談心、與孩子對話時老是敷衍了事、或是父母的心情不好等等，孩子能敏感地察覺這些狀況並對他造成不好的影響。

孩子的「過度忍耐」的態度，通常在弟妹出生之後會更加顯著。當孩子發現媽媽因為要照顧小寶寶而忙得無法像以前一樣關心自己，再加上媽媽常常說：「你都已經當哥哥了，要更懂事才對。」時，孩子就會勉強自己得多忍耐。

這個時候，孩子小小的心靈裡就只能一邊忍著需要被照顧的情緒，一邊強裝獨當一面的樣子來取得父母的注意。

於是，發現自己不被重視、缺乏安全感的孩子就會出現各種失常的行為。比如，突然變得任性不聽話、大吵大鬧，甚至開始吸吮手指或是尿床等的「嬰兒時期的行為」。

向飽受壓力的孩子說：「辛苦你了！」

孩子，畢竟只是個孩子。他們還沒有辦法控制自己的欲望。不斷被壓抑的結果就是在生理上產生不適的症狀、或是壓力累積造成心理上的問題，當然這些都是累積到一段時間後才會爆發出來的。

當外在情況是正常的情況下，對孩子的任性採取嚴厲的管教方式，讓他懂得如何忍耐當然是必要的，但如果父母的要求已超乎孩子的能力範圍，還堅持要孩子忍耐，那麼結果只會傷害孩子，讓他們不願意再跟父母溝通而已。

所以，當孩子有特殊行為或問題行為時，千萬不要只是一味地禁止他的行為。這個時候，父母不妨靜下心來想想最近對待孩子的態度是否有值得反省的地方，如果有就請坦率地向孩子承認自己的過錯並道歉。如果沒有，也請忍住情緒，耐心聽聽孩子的心事。然後，請記得溫柔地對孩子說聲：「真的辛苦你了。」這句話將能讓飽受壓力折磨的孩子獲得釋放。

【重點】

若孩子突然任性或是有問題行為產生，請回想一下孩子是否有壓力。

「發洩」魔法

對付孩子哭鬧的「提問」戰術

讓欲求不滿的能量釋放出來

孩子總是經常會哭。

孩子的哭泣通常是對媽媽撒嬌的一種表現。其證據在於，媽媽在場的時候，孩子哭個不停的比例很高，而一旦媽媽離開，孩子就會開始重整心情，然後自然地不哭了。

但也因為孩子的哭泣多半只是對媽媽的撒嬌，所以如果媽媽在此時生氣地要求孩子不准哭時，結果只會火上加油，讓他嚎哭得更大聲而已。因為媽媽的憤怒反應會讓孩子忘了自己的初衷，反倒變成因驚訝而哭泣。

當孩子因為悲傷、疼痛而哭泣的時候，只要能讓孩子有種被了解的安心感，那麼他就

累積的壓力如果藉由「說出來」來發洩，就可使孩子冷靜下來。

會停止哭泣。不過，如果孩子是因為他的要求不被滿足而哭鬧不停的話，那麼我們就得用另一個應對方式。

當大人不滿足自己的需求時，孩子會為了要大人達成自己的要求而使用大哭大鬧的方法。此時，面對這種為撒嬌而哭的孩子，最有效的方法就是「不管他」戰術。但是，真的不予理會的話，有時孩子的哭鬧會為別人帶來困擾，老實說也不是個好辦法。

如果你碰到這樣的情況，我推薦你使用一種「發洩」魔法。

心理學上，有個叫做「淨化作用（Katharsis）」的名詞。

「當欲求不滿的能量提高時，人可以藉由把能量轉變成其他型態後釋放出去，好去除對於要求的執著（以達成淨化的目的）。」這就是所謂的淨化作用。

最能夠使「淨化作用」發揮效用的就是「發洩」魔法。

此時，父母要做的不是對孩子大聲吼叫「不准哭！」試圖要他停止哭泣，而應該耐住性子問孩子說：「怎麼啦？發生什麼事啦？」讓孩子在你的溫柔對待下說出哭泣原因。

也就是說，這是個讓孩子把欲求不滿的能量以「說出來」的方式釋放出來的技巧。

當孩子發現媽媽願意聽自己說話而感到安心的同時，也能藉由「說出來」達到抒發壓力的效過。

「發洩」魔法不只可以讓孩子停止哭泣，還能夠讓大人知道孩子哭泣原因（也就是被接納。）然後，因為情緒被接納才能理性地、客觀地看待自己行為，也能接受大人的建議。

接受孩子發洩情緒、盡情大哭

身為大人的我們應該都有盡情大哭之後，心情舒暢許多的經驗吧？

其實，哭泣本身就是一種淨化作用。一味地忍住不哭不見得是好事，大哭一場讓情緒整個釋放出來才是健康的。

哭泣是需要能量的。從臉到身體，哭得全身紅通通的孩子，其實正在釋放大量的能量。

「男孩子不可以哭」、「都已經當姊姊了還哭什麼！」很多媽媽經常會對孩子這麼訓斥，試圖讓他們停止哭泣，逼迫孩子要去忍耐。

其實，面對正在哭泣的孩子，媽媽只要專心傾聽他的心情就足夠了。這就是一種巧妙的魔法。不需要逼迫孩子忍耐就能讓難過的心情獲得釋放並讓孩子學會自我控制，這就是媽媽溫柔魔法的威力。

【重點】

傾聽孩子哭泣的理由，讓他釋放出能量。

「輕聲細語」魔法

輕聲說話和側耳傾聽的心理魔法

我至今仍然記得母親的輕聲細語

我曾是個相當令人頭痛的問題兒童，即使如此，母親卻很少對我破口大罵或是動怒。她宛如古代的仕女一樣總是溫柔婉約、端莊穩重。不論任何情況下，她總是清楚地用輕聲細語對我說話，而我卻能感受到無比的力量並且靜下心來聽她說話。

這樣的經驗讓我知道，媽媽的「輕聲細語」裡蘊含著令人安心的力量。我們常常說「生氣」和「訓斥」是不一樣的，情緒性的「憤怒」話語是無法帶給孩子任何幫助的。

試想，一旦別人對自己生氣，我們的第一個反應不會是對自己的行為有所反省，而是對別人的反應感到害怕和反感。也因為這樣的感覺使得孩子會變成懂得先觀察父母的臉色後，才決定自己接下來行動。所以，與其對孩子歇斯底里地大吼，不如在嚴肅的氣氛下讓對方聽你說，這樣更容易說動孩子。

而且，如果我們平常就養成即使天大的事也以和緩的語調說話，那麼當我們需要與孩子溝通時，不需提高音量，孩子就會知道我們是很嚴肅看待說出口的任何一件事的。也讓孩子學會用平和的態度看待每一件事。

情緒性的發怒，只會讓孩子充耳不聞

有個人曾跟我回憶起小時候的經驗，他說：「我只記得我媽媽總是對我唸個不停，而我卻完全不記得她到底說了些什麼。不過，當我父母跟我說：『過來一下，我有事跟你說。』然後正經八百地坐在我面前跟我說的那些話，我卻記得一清二楚。」

孩子對氣氛的感覺是敏感的。只要我們是以正經的態度找孩子談話，孩子就知道事情不簡單。所以，當我們想要孩子認真聽自己說話時，首先要創造一個那樣的氣氛。當然平常不隨便發怒也很重要。不然，當孩子習慣被大聲吼罵之後，只會讓孩子越來越害怕跟父母溝通而已。

不只如外，當孩子進入青春期時，他會開始用冷眼旁觀的態度，去面對暴怒的大人。

有不少孩子學會了表面上乖乖地虛應故事，等待暴風雨過去。

老是劈頭對孩子痛罵，只會讓孩子失去靜下心來聆聽的耐性，反而無法達到溝通的目的。而且訓斥和責罵或許還只會造成反效果。

因此，當你遇到孩子有狀況，正想勃然大怒之前，請先忍住想想「輕聲細語」魔法。只要向孩子輕聲細語地說，讓他們感受到「這次跟平常不一樣」，相信我們要傳達的訊息應該都能順利地傳達給孩子才對。

輕聲細語地指正孩子能讓父母自己也變得理性

聽說在商場談判時，如果遇到重要的案件，用低聲來向對方表達訴求，比較能談判成功。因為放低音量比較能讓對方更專心傾聽，並且希望再多跟你說話。反之，高談闊論般的推銷或交談就算能吸引別人的注意，卻容易不讓人真正願意聽你說話。

父母也是人，有時也會有情緒性的反應出現。但我們應該先想清楚，訓斥孩子的真正目的應該是讓孩子自己去思考犯錯之處和反省改正才是。

不堪入耳的高聲辱罵只會讓孩子留下「媽媽像凶神惡煞般地在生氣」的記憶，至於媽媽生氣的原因，他們是不會記得的。請記得如果你在訓斥時無法保持冷靜地說些讓孩子可

以接受的話，那麼你說的話是不會產生正面效果的。

請想想如果你老是情緒性地對孩子生氣、常因激動過度而說出「你真是沒救了！」「我沒有你這樣的孩子！」等不該說的話時，會連帶讓你自己都搞不清楚真正生氣的原因。而這樣的態度又如何教育孩子呢？

刻意讓自己小聲訓斥孩子可以讓父母保持理性，同時也能讓父母仔細思考該說的話，然後慎選詞彙跟孩子談。輕聲細語能讓父母調整情緒、放慢步調一邊跟孩子談，一邊看著孩子的反應，然後思考如何跟孩子說。

這種「輕聲細語」魔法，將比大聲責罵來得更有說服力。

【重點】

用小的音量來傳達重要的事，讓孩子側耳傾聽。

「替代」魔法

孩子無理的要求，可以用替代品讓他得到滿足

不要抹煞嬰幼兒的頑皮行為中蘊含的好奇心

對於孩子有興趣的事物我們應該予以認同與支持，但是其中難免有超過我們的限度而無法答應他們的事。

這個時候最能發揮效果的就是「替代」魔法。

日本有個專門製造嬰兒玩具的People公司曾推出「讓一歲的孩子玩個盡興」系列的嬰幼兒玩具。裡面有「抽取衛生紙」「把鑰匙插進門鎖」「按開關」「打電話」等孩子在日常生活中最感興趣的物品。

我個人認為嬰幼兒的頑皮行為是重要的成長過程，應該放手讓他去玩。只是考量到現

只要滿足搗蛋的嬰幼兒的需求，就能讓他們停止惱人行為。

實的問題，比如說：讓孩子將一盒面紙抽出後丟得到處都是、或是拿著電話讓別人電話打不進來等等，這些都會造成生活上的不便。

我們也都知道嬰幼兒的惱人行為源自於好奇心和興趣。所以，父母要懂得如何去滿足蘊藏在這些搗蛋行為背後的興趣和好奇心。否則若是一味地禁止這些行為，會阻礙了好奇心的萌芽與創造力的發展。

幼兒之所以會把面紙不斷地抽出來亂丟是因為這件事很新鮮、有趣，而玩門把或是開關、電話等，則是因為他們想要模仿大人的動作。

所以，如果基於安全考量，只要給他們替代的東西來滿足他們想接觸新事物的衝動、與模仿的欲望，孩子就能得到滿足，而且結果會像是施展了魔法般，所有的惱人行為會自動消失。

找出行為發生的原因，然後滿足孩子

有個孩子最喜歡玩媽媽的行動電話。我猜是因為媽媽總是拿著講話，有時還會有好聽的音樂，所以他覺得很有趣。於是想要模仿大人的孩子，當然不會放過這麼好玩的東西。

不過，大人總是擔心給孩子玩這麼貴重的東西，不但會摔壞，要是孩子打電話出去又要花錢很麻煩。擔心的媽媽實在沒有辦法放心給孩子玩她的行動電話。

於是，她決定買隻代替的玩具手機給孩子。結果那個孩子自從擁有自己的手機後，再也不玩媽媽的手機了。

這樣的作法絕不是用替代品「敷衍」孩子，目的是在找出孩子的要求或惱人行為的根源。使用替代品的方法才能在不壓抑孩子好奇心下，達到雙方都滿意的結果。

這種「替代」的效用，並不僅限於物品而已。

曾有某個小學中年級的男孩常常在學校毆打同學、或是亂摔東西，造成大家的困擾。

對於這樣的孩子，媽媽心想「他不是個壞孩子。也許是因為多餘的精力無從發洩的關係。

讓他去學學空手道看看吧！」而學了空手道的孩子，因為非常喜歡空手道也很專注於練習，後來漸漸地當初的問題行為都消失了。

這也是媽媽始終相信孩子的本質是善良的，並願意靜下心來找出孩子行為的原因以及以運動轉移孩子注意力的「替代」魔法，這三個方法所產生的絕佳效果真令人驚訝。

【重點】

找出藏在問題行為裡的「欲望」，然後滿足孩子。

「我訊息」魔法

以「我」為主語與孩子溝通，結果竟然如此神奇！

強迫、斥責和命令都只會造成反效果

不用命令的方式，而是客觀地說出自己的想法，然後留個空間給對方思考的說話方式，在亞特拉心理學上稱為「我訊息（I Message）」。

也就是說，雖然我們只是以「『我』的想法」來和對方溝通，卻能讓多數反抗心強烈的孩子卸下心防地坦然接受我們的想法。

舉個例子來說，我想很多人在小時候都有挑食的毛病。

但是，如果被大人強迫「把菜通通吃光」，或是威脅他們「如果挑食的話就會長不大」等，是不是通常只會造成反效果？

如果媽媽換個方式說服孩子：「這是我努力做出來的營養晚餐喔！如果你可以全部吃光光，媽媽會好高興喔。而且你也會長得又高又壯呢！你覺得好不好？」我相信孩子就能知道媽媽煮這些菜的理由以及會達到的效果。雖然聽起來跟威脅孩子挑食會長不大類似，但說法卻是比較可以被接受的。

「我訊息」的使用重點是記得要用「提議」和「表達我的感受」的方式幫助孩子思考與判斷，這是達成完美的親子溝通模式的好方法。我覺得每個父母都要學會才是。

具有不可思議力量的「我訊息」

讓孩子幫忙做家事是一件很好的事，但是，如果以命令的方式尋求孩子幫忙，只會換來孩子的不甘願與反抗，這時可以用「我訊息」來達到目的。當然更不能用激將法跟孩子說「都已經小五了，還不會自己折衣服，真不像話！」這是無法讓孩子心甘情願、自動地幫忙做家事的。此外，威脅地說「如果不幫忙做家事，就不給零用錢！」也只會造成反效果而已。

抛開舊有的說話方式改為「我訊息」的方法，你可以說：「如果你願意折衣服，我會好高興。你願意幫幫我嗎？」或是「衣服好多！我折不完，你可以幫忙折嗎？」我想孩子應該會樂意幫忙才是。這是因為「我訊息」能引導出人的同理心和自發性行為的緣故。

命令式的說法是一種強迫對方聽從自己指令的方式，不能算是溝通方式。通常這會讓孩子有一種必須屈服於權威的無奈感覺。

在此，為了避免大家誤會，我必須要強調不使用「命令」和「強迫」的方式不等於要父母迎合孩子、寵溺孩子。「我訊息」的溝通技巧是將自主權交給孩子，並藉由引發孩子的同理心，以達到雙方可以認可的行為。

試想：當孩子光看電視，不做作業時，如果父母只是劈頭痛罵並強迫孩子去寫功課，或許能暫時使孩子屈服，但同樣的事情卻會一再地發生。如果是使用「我訊息」時，媽媽可以說：「「如果是我，我會把作業做完，然後輕鬆地看電視，你覺得呢？」

我想孩子聽到你這樣說，他不但不會心生反抗，反而會開始思考媽媽說的話有沒有道理。我想大部分的孩子會對媽媽的話產生認同的心態，然後去把作業做完才看電視。你可以試試這神奇的魔法。

【重點】

與孩子有效溝通的「我訊息」，可以讓孩子自動自發。

國家圖書館出版品預行編目資料

教出競爭力——45 個關鍵教養魔法 / 多湖輝著；
彭建榛譯. -- 初版. -- 臺北縣新店市 ：世茂, 2008. 06
面； 公分. --（婦幼館 ； 101）
譯自：子どもを伸ばすお母さんの魔法
ISBN 978-957-776-917-6（平裝）

1. 親職教育 2. 子女教育

528.2 97007439

婦幼館 101

教出競爭力——45 個關鍵教養魔法

作　　者／多湖輝
譯　　者／彭建榛
總 編 輯／申文淑
責任編輯／陳凱倫
封面設計／孫雅涵
出 版 者／世茂出版有限公司
發 行 人／簡玉芬
登 記 證／局版臺省業字第 564 號
地　　址／（231）台北縣新店市民生路 19 號 5 樓
電　　話／（02）2218-3277
傳　　真／（02）2218-3239（訂書專線）
（02）2218-7539
劃撥帳號／ 19911841
戶　　名／世茂出版有限公司
單次郵購總金額未滿 500 元（含），請加 50 元掛號費
酷 書 網／ www.coolbooks.com.tw
排版製版／辰皓國際出版製作有限公司
印　　刷／長紅彩色印刷公司
初版一刷／ 2008 年 6 月

ISBN ／ 978-957-776-917-6
定　　價／ 220 元